传记文库

特立,不独行

曹聚仁 著

将将之将
蒋百里评传

新星出版社　NEW STAR PRESS

图书在版编目（CIP）数据

将将之将：蒋百里评传 / 曹聚仁著． ——北京：新星出版社，2016.7
（传记文库）
ISBN 978−7−5133−2231−7

Ⅰ．①将… Ⅱ．①曹… Ⅲ．①蒋百里（1882−1938）−评传 Ⅳ．①K825.2

中国版本图书馆CIP数据核字(2016)第170157号

传记文库

将将之将：蒋百里评传

曹聚仁 著

策　　划：	彭明哲
责任编辑：	杨英瑜
特约编辑：	李文彧
责任印制：	李珊珊
装帧设计：	小小鸟

出版发行：	新星出版社
出 版 人：	谢 刚
社　　址：	北京市西城区车公庄大街丙3号楼　　100044
网　　址：	www.newstarpress.com
电　　话：	010−88310888
传　　真：	010−65270449
法律顾问：	北京市大成律师事务所

读者服务：	010−88310811　　service@newstarpress.com
邮购地址：	北京市西城区车公庄大街丙3号楼　　100044

印　　刷：	北京雅昌艺术印刷有限公司
开　　本：	660mm×970mm　　1/16
印　　张：	17
字　　数：	190千字
版　　次：	2016年8月第一版　　2016年8月第一次印刷
书　　号：	ISBN 978−7−5133−2231−7
定　　价：	48.00元

版权专有，侵权必究。如有质量问题，请与印刷厂联系调换。

蒋百里任陆军大学代理校长戎装照。

1911年夏,蒋百里(右一)与友人在日本合影,蒋百里时任近卫军第一联队见习排长。

1911年,蒋百里在德国哈尔伯斯达特军营。

蒋百里,1912年摄于北京。

1916年6月,护国军两广都司令部与军务院主要成员在广东肇庆合影。

1919年,中国欧洲考察团在巴黎的合影。(后排右二为蒋百里,前排中间为梁启超)

1919年,中国欧洲考察团在巴黎的合影。(前排左二为蒋百里、左三为梁启超、左四为张君劢)

1919年,蒋百里再访德国与留学时的德语老师合影。

1929年3月,印度诗人泰戈尔访问上海时在蒋百里宅与众人合影。(中排右二为徐志摩,右三为蒋百里)

蒋百里全家福。

1936年,蒋百里与夫人左梅及女儿蒋英(右一)、蒋和(左一)参观德国柏林动物园时的合影。

1936年冬,蒋百里西安归来在上海家中。

1936年,蒋百里(左一)在欧洲考察军事,与出席太平洋学会代表胡适(右一)同时返抵国门。

1937年，蒋百里（右三）在德国与女儿蒋英（右二）、蒋和（左四）等合影。

1937年，抗战前后蒋百里（前排右二）与胡适（前排左二）等人合影。

1937年5月，蒋百里（中持帽及手杖者）考察山西军政时，与军事首长合影。

1937年5月,蒋百里(左一)在广州与余汉谋(右二)等合影。

1937年5月20日,蒋百里(左二)在汉口会晤湖北省政府主席黄绍竑(右二)时合影。

1937年9月,蒋百里赴欧经新加坡登陆游览留影。(右二为蒋复璁,左三为蒋百里)

1937年10月，蒋百里（着军装者）船抵拿坡里港，与刘文岛大使谈话时摄。

蒋百里（中）在罗马与刘文岛大使（右）及留德学生林秋生合影。

1937年5月,蒋百里(执手杖者)与史顾问(左四)考察湖南,由湖南省政府主席何健(左三)招待,偕游上封寺留影。

蒋百里在北平会晤军政首长时摄。
（左二为蒋百里，左三为冯治安）

蒋百里离平时,与秦德纯(左背影)市长在机场晤谈。

蒋百里离平时,冯治安等在机场欢送。
(左三为史顾问,左四为蒋百里)

蒋百里手迹（致钱大钧函）。

空山中宵陰微冷先拂席向風
赵清曙蒼蒼蕚以碧落〻出、
岫雲浮〻倩天石日假俯道行
雨舍長江白連檣荆州船有主
荷戈戰南防草鎮慘容涇赴
遠役犀鐙不辟山驄戎備強、
殷水深雲光廓鳴舴各有適
漁艇自絃〻夷歌負樵窅為儔
一老翁書時記朝夕

右雨二首

昭己十四为白法诗粗々谈道中
秋寫杜詩四章

蔣百里行草手卷。

我建超世願　必至無上道　斯願不滿足
誓不成等覺　我於無量劫　不為大施主
普濟諸貧苦　誓不成等覺　我至成佛道
名聲超十方　究竟有不聞　誓不成等覺
離欲深正念　淨慧修梵行　志求無上尊
為諸天人師　神力演大光　普照無際土
消除三垢冥　明濟眾厄難　開彼智慧眼
滅此生盲暗　閉塞諸惡道　通達善趣門
功祚成滿足　威曜朗十方　日月戢重暉
天光隱不現　為眾開法藏　廣施功德寶
常於大眾中　說法師子吼　供養一切佛
具足眾德本　願慧悉成滿　得為三界雄
如佛無礙智　通達靡不照　願我功德力
等此最勝尊　斯願若剋果　大千應感動
虛空諸天神　當雨珍妙華

庚十三月一日起至七日止寫
法藏四十八願為　左梅及五
女昭雍英華和祈健康安樂

獄中記　襄

蔣百里獄中寫經（局部）。

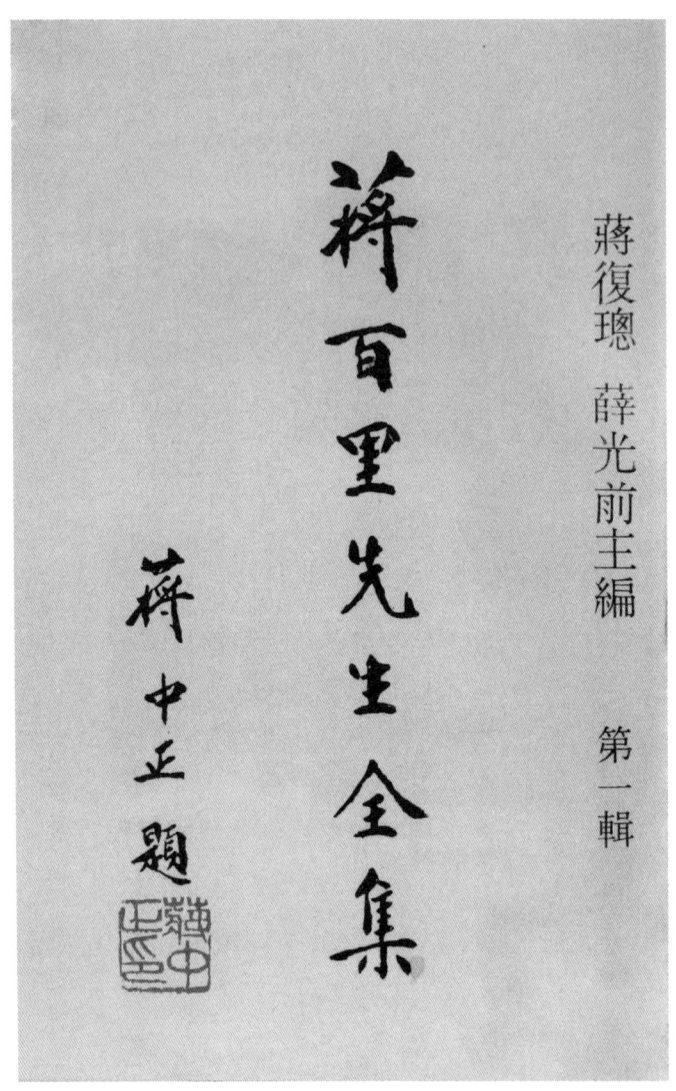

蒋介石为《蒋百里先生全集》扉页题字。

* 以上部分图片由《蒋百里全集》，北京工业大学出版社，2015年版编者谭徐锋提供；部分图片翻印自蒋复璁、薛光前主编《蒋百里先生全集》，台湾传记文学出版社，1971年版。

蒋英：我的父亲蒋百里

1938年，抗日战场烽火燎原，而在大后方广西宜山，一位将军与世长辞。虽然此将军身死不在沙场，但是他身后的荣耀却异乎寻常。章士钊、黄炎培、邵力子等名流宿彦纷纷送上挽联、挽诗。几年之后，他更是被国民政府以国哀之礼风光大葬。纵观民国历史，能够得此殊荣者，唯其一人——他就是蒋百里，民国最负盛名的军事战略家、陆军上将。他的一生，可以说是风云激荡、堪称传奇。他是文人，他和梁启超亦师亦友，和蔡锷多年同窗，和徐志摩更是交情莫逆。他做过保定军校校长，被誉为国民革命军的"智囊"。蒋纬国曾经做过他的副官，连德国的兴登堡都非常赞赏他。

一

蒋百里，浙江海宁人，自幼聪慧，思想激进。赴日读书，入军校，与蔡锷同窗。全优毕业，天皇赠剑。回国后，几经辗转，赴任保定陆军军官学校校长，少将衔，时仅 30 岁。

蒋英：这个事正合他的心愿，他一心要报国，一心要建设国防，建设新的军队，所以他就上任当了保定军校校长。他一进学校就抓改革，首先给每一个学生一套新军装、新皮靴，要学生们重视仪表。第二就是抓伙食，他亲自到伙房去抓——是不是卫生？是不是有营养？第三是抓教学，凡是保定军校的无能力的教师，他都撤掉，让新从日本回来的老师上任。

保定陆军军官学校正式创办于 1912 年 10 月，为当时全国最高军事学府，是中国近代军事教育史上成立最早、规模最大、设施最完备、学制最正规的一所军事学府。蒋的到来，为学校输入了新的血液。

蒋英：他抓教学，老师请假，他就自己亲自讲。他很受学生的爱戴，学生经常给他写信。但是事情不是那么顺利，他也有他的苦恼：第一，下来的人跟新上来的军官闹矛盾，就是说旧军人跟新军人相斗，不合作。旧军人破坏新的改良，所以他被弄得很烦恼。第二，上边的经费一直不下来，他就亲自到北京去。教育部是由段祺瑞管，他去找段祺瑞，段祺瑞答应给他钱，但实际上一直没有落实。

蒋百里对官场之中的个中环节勾当知而不为多年，再加北洋当权，他不是嫡系，虽被任用，但不予方便，处处掣肘。蒋有权无钱，无从施展，军人的血性充盈，决计行一事，以惊世人。

蒋英：他从北京回来，半夜也没睡着，起来叫书童给他磨墨，给蔡松坡（即蔡锷——编者注）写了一晚上的信。蔡松坡也是留日的，跟他是好朋友。他把他的苦恼告诉蔡松坡，然后还写了一封遗书给他的妈妈。第二天早上，他就号召所有的学生集合，用沙哑的声音对学生说："我要求你们做的，你们都做了，但是你们要求我做的，我没做，所以我要惩罚我自己。"说完，他向办公室冲去，拿出手枪来自杀了。学生们听见一声枪响，都很害怕。到办公室一看，校长躺在地下，鼻孔流血，一身军装都湿了。

蒋百里自杀时，由于勤务兵上前夺枪，子弹打偏，没有伤到心脏，只是擦伤了肺的表面，但蒋以一死谢天下的行为却揭开了北洋军界的黑幕。国会对政府极为不满，提出责难。各团体慰问蒋百里的电报多如雪片，要求查清事情真相的电报络绎不绝。

蒋英：这时候段祺瑞也着急了，就亲自到日本大使馆去，要求日本大使派最好的医生给蒋百里疗伤。日本医生来了，还带来一位美丽的护士给蒋百里护理。蒋百里脱离生命危险后，到北京来休养。

在北京疗养的时间里，蒋开始注意身边这个叫佐藤屋子的日本护士。她不仅美貌，而且贤淑。时日长久，蒋百里开始心动。

蒋英：护士后来就回去了。这个护士长得既漂亮又能干，蒋百里爱上了这个女子，可她回日本去了，蒋百里就给她写信，向她求婚，一封不够两封、三封、四封，写了很多美好的情书。他做文章做得很好，想必他的情书写得也很好，最后打动了这个女孩子的心。她决定到中国来。蒋百里就派他的士官同学去接她，把她护送回中国天津。他们就在天津结婚了，婚后，就到北京安家。

蒋迎娶日本妻子，举案齐眉成为佳话。

蒋英：她的日本名字叫佐藤屋子。她说佐藤屋子这个日本女子死了，我现在是中国女人，我姓蒋，我叫蒋左梅——蒋百里给她起的名字，他最喜欢梅花。这个日本女子爱中国，爱我们这一家。在家里教育孩子，她说汉语。她穿的衣服都是中国衣服，你看不出来她是个外国人。

二

蒋百里自杀之后获救，离开了保定军校。不久，袁世凯称帝，蒋百里入川辅佐老同学蔡锷讨袁。袁世凯死后，蒋百里又陪蔡锷去日本就医，旋即为之料理丧事。1917 年回国之后，任黎元洪总统府顾问，开始首次撰写军事方面的论著《孙子新释》《军事常识》等等，这些书成为军校的教辅。1918—1919 年，蒋百里受邀考察巴黎和会，游历欧洲。他在法国的凡尔登亲见战火过处，民不聊生，深为触动。此后，竟俨然有偃武修文之意。于是回国之后不久，蒋百里著书一册，名叫《欧洲文艺复兴史》。可请谁来作序，蒋百里想到了一个人。

蒋英：梁启超和我父亲蒋百里是顶好的朋友。我父亲称梁启超为老师，其实他们又是老师又是朋友，经常在一块儿，一起写文章。梁启超也经常到我们家里来，我们也到梁启超家里去。蒋百里写了一本《欧洲文艺复兴史》，请梁启超给他作序，梁启超写了序，写了5万字，所以梁启超又倒过来请蒋百里再写序。现在蒋百里的《欧洲文艺复兴史》已经又重版了。

梁启超曾经回忆，为蒋百里作序，下笔不能自休，遂成数万言，篇幅几与原书埒。天下古今，固无此等序文。后来这篇长序以"《清代学术概论》"为名成书出版，被后人引为佳话。但蒋百里毕竟还有一个身份是军人，而20世纪初叶的中国，军阀混战，蒋百里也难身免。

蒋英：五四运动以后的情况就不大好了，军阀混战，弄得中国一片战火硝烟。各路军阀都请蒋百里做他们的军事顾问，蒋百里也都接受了，但是都站在打败的一方。

蒋百里先后以军师职，服务几任军阀，最后辅佐的是自己的学生唐生智。无奈军阀混战，胜败难于论断。蒋介石的北伐军开到，唐生智不敌，蒋百里也因战败逃亡。

蒋英：唐生智大败以后，就逃到日本去了。蒋百里在上海。那时候蒋介石抓不到唐生智，就说我们一定要抓蒋百里，因为蒋百里家里有一个无线电台，而唐生智办公室里头有密码。但是蒋百里那时候住在上海的法租界，他们不能动手。许多人劝蒋百里说：唐生智逃到日本去了，你也可以到国外去。蒋百里说：我没有钱，我不去。蒋介石千方百计地想办法要逮捕蒋百里。他派了蒋百里的一个学生叫刘文岛，来劝说老师到杭州去"休息休息"，蒋百里大概也无知，就真的到杭州去休息了。他在杭州待了几天，被逮捕到南京去，关到三元巷的军狱里。他还算受优待——给他两间土房子,家人可以来看他。我母亲天天早上带着孩子去看他,晚上回来。他隔两间房是邓演达,邓演达的家属不能进去,他有什么秘密的信,就托蒋百里的夫人给他带。蒋百里跟邓演达有的时候晚上也说几句话,但是不久邓演达就不见了。蒋百里在监狱里,主要是写书法,他天天写字,有的时候跟孩子们玩,教孩子们打桥牌、下棋。七八岁的小孩不是对手,都教不会,但蒋百里不寂寞,还有孩子陪他。

蒋百里入狱,震动八方,但头一个跳起来的不是他的学生、部下,而是一个手无缚鸡之力的文人,徐志摩。早年间,蒋百里曾和他一起创建新月社,交情莫逆,以至于徐志摩登高一呼,文学青年应者无数。当时流行一句口号:陪百里先生坐牢去。

蒋英:父亲跟徐志摩是同乡,徐志摩也是海宁人,徐志摩的父亲跟我父亲的父亲是好朋友。徐志摩尊重蒋百里,蒋百里入狱,他不服,打个铺盖卷,也到监狱去陪蒋百里一宿。蒋介石想枪毙蒋百里,但是他不敢,因为蒋百里周围保定军校的军官们太多了,怕影响,所以一直拖了三年,最后由他的参谋长说好话,才放出来。1932年,两蒋言和,但对蒋百里,蒋介石仍然有所忌惮,于是祭出法宝,请百里先生出国考察。1933年,蒋百里奉蒋介石之命再赴日本,拟就国防计划,以备中日之战。1935年,他出任国民党军事委员会高等顾问,翌年赴欧美考察军事。归国后,迅即得到蒋介石电令,赴西安汇报考察情况。蒋百里登机之时,是1936年12月11日,翌日,西安事变爆发。

三

翌晨，曙光未起，闻枪声四起，疑系军队凌晨演习，初未介意。俄尔，机关枪声大作，辨为实弹射击。然犹以练习打靶，决未料及祸变发于俄顷。也未几，枪声由远而近，似在咫尺之间。余伏案整理文稿，有一青年排闼而入，询余姓名毕，即曰"请先生至客厅休息"。语未毕，两健卒挟余出。（摘自蒋百里日记）

蒋英：那时候西安很紧张，蒋百里跟张学良有一定的关系。张学良很佩服蒋百里，张学良说他："不做官，没有钱，有学问。"张学良很信任蒋百里，就请教他，说蒋介石不见人，也不说话，我没有办法，你想想办法吧。蒋百里就觉得那个时候绝对不能打。

事变第5天，也就是12月16日下午4点，蒋百里见到了蒋介石。蒋介石请百里先生坐到了床前的沙发上，对他说："张学良想派一人先往南京商谈，其心目中以你最为适宜，但我未置可否。"蒋百里赞成派人去南京商谈，他认为"南京和西安之间相持不决，眼下已成僵局"，但是他本人"和党国关系不深，去了于事无补，必须派南京所信任的人前去，才能解决问题"。从蒋介石居所辞出，蒋百里问张学良："留在西安的军事大员当中，你最恨的是谁？"少帅回答："我不恨什么人，只有蒋鼎文这个人好出坏主意，我就是看他不顺眼。"蒋百里于是说："那么最好派他去。"张学良被弄糊涂了。蒋百里给他解释："派一个最不喜欢的人前去，就可以表示你绝无伤害其他中央大员之意，也可以表示你对和平解决时局抱有极大的诚意，这样，就可以产生积极的效果。"张学良深以为然。

蒋英：蒋百里问张学良：你有多少兵？张学良说：蒋介石有多少

兵在这儿呢？蒋百里说：那你兵多，你是居胜，要打的话，你会打胜的。但是空中呢？你有多少飞机？张学良说：我一架也没有。蒋百里就提醒他：蒋介石有很多飞机，他要来轰炸你。所以这个事情，我劝你绝对不要打。蒋百里去劝和，作了一些贡献。

"西安事变"的历史结局，早已是众所周知了。国共两党再次合作，中华民族抗日统一战线从此掀开新的篇章。是年12月27日，蒋百里和那批"有幸"做了一回"政治俘虏"的南京要员们，一道登上了平安离别西安的飞机。刚到上海家中，他马上就电邀好友、著名报人陶菊隐相聚畅谈，向陶菊隐绘声绘色地讲述了自己这意外"撞"进"西安事变"的种种亲身经历。不过碍于当时言论的限制，尽管蒋百里所述的内容非常精彩，陶菊隐也只好把它浓缩成短短数百字的《西安归客谈》，披露在了上海的《新闻报》上。据说，国民党军政界上层人士有的获知这些"离迷惝恍的内幕新闻"之后，"一致认为蒋百里（在事变当中）做了一篇好文章，促使问题迎刃而解"。

蒋英：从西安回来以后，他住在上海，有一辆汽车。他说：现在打仗了，我是军人，我也要上战场。他开着汽车到南京去，自己报告说：我是军人，我要去打仗，我的汽车不要了，捐给国家。

此时，全面抗战尚未开始，但东三省已失，华北危如累卵。尽管蒋百里几次向国民政府请示，要求上前线带兵抗日，但都被婉拒。于是他再入书斋，1937年，新作写成，名为《国防论》。在这本书里，蒋百里除了断定中日之间全面战争不可避免，更在扉页上写下了这样的字句："万语千言，只是告诉大家一句话，中国是有办法的！"

蒋英：写《国防论》，他不是连续地写，他走到哪儿，《大公报》的记者就跟到哪儿。他有什么就写什么，写完了记者就拿走，也不留稿，都是零碎的东西，事后收集起来形成一本书。书里有许多论点，建议打持久战，这样子可以切断日本人的补给线，日本人没办法再打下去，中国一定会胜利。

四

蒋百里在《国防论》中阐述的对日战略，归纳起来有三：第一，用空间换时间，等待局势扭转；第二，不畏鲸吞，只怕蚕食，全面抗战；第三，开战上海，利用地理条件减弱日军攻势，阻日军到第二防线（湖南）形成对峙，形成长期战场。

蒋英：蒋百里亲自写信给蒋介石，告诉他怎么打。信我看过，他建议在湖南衡山作根据地。南京政府很好地安排他，他到处作报告、讲演、写文章发表，说中国一定会打胜，中国是有希望的。

1937年，蒋介石命蒋百里以特使身份，出访意大利和德国宣传，争取援助。百里虽不抱希望，但"知其不可而为之"。

蒋英：墨索里尼接见了蒋百里。蒋百里有一个很好的讲话，说我们是热爱和平的，日本说是打共产党，其实是来欺负中国人民的，我们希望意大利给我们精神上的支持，这是第一个任务。第二个任务是让他到德国去，因为日本、德国、意大利三国是同盟，但是德国与意大利还不一样，日本听说中国有代表来，早就派人做了工作，所以蒋百里到德国去，没见到希特勒、戈林。

回国后，蒋百里在报上连发文章，被誉为"战时的文坛健将"乃至中国政府抗日政策的"发言人"。其中影响最大者，首推《日本人——一个外国人的研究》，发表后"轰动了中国的战时文坛"，文章的结论俨然成了抗战时期的名言："胜也罢，败也罢，就是不要同他讲和！"1938年8月，蒋百里被任命为陆军大学校长，这一职位原来是由蒋介石自己兼任。百里一再谦辞不成，乃同意以"代理"身份主持这个例由最高军事当局兼任（校长）的最高军事学府。是年，陆军大学西迁，蒋百里主持校务，一路西行，边走边写，抗日文章绵延不断。此时，他的身体已经衰弱，生活都由妻子蒋左梅照料。这个曾经的日本女子佐藤屋子，在贫弱的中国和自己的祖国日本之间，毅然决然地作出了选择。

蒋英：蒋左梅很苦恼：第一，蒋百里是军人，家里没有什么人可以陪她解闷，帮助她理解她，她很寂寞。还有一个就是，她生了五个女儿，这对她来讲是压力，而且我们小的时候生活还不是很好。"九一八"前后，我们都是中学生，一回家去，看见妈妈，就对妈妈不好。我们对妈妈很冷淡，她教我们日文，我们不学，跟妈妈保持距离。后来大了，我们懂得了她的痛苦。但是我父亲始终对她很好。

1937年，蒋百里送蒋英出国学习音乐，在异国的码头一别，父女从此天各一方。1938年的11月，蒋百里在随同中央陆大西迁的途中一病而逝。抗战局势不断变化，但是蒋百里所预言的战况一一呈现，而中国的抗战之路也正符合蒋百里的战略构想，逐次实施。蒋百里生前遗留的话也在振聋发聩："中国对日本，打不了，亦要打；打败了，就退；退了还是打。五年、八年、十年总坚持打下去；不论打到什么天地，穷尽输光不要紧，千千万万就是不要向日寇妥协，最后胜利定是我们的。你不相信，可以睁眼看着。"可惜的是，蒋百里自己却没能看到他所坚信的这一幕。8年之后,抗战胜利,当他移葬西湖的时候,众人发现蒋百里的尸骨竟然不腐,栩栩如生。好友竺可桢抚棺痛哭:"百里,百里,有所待乎?我今告你,我国战胜矣!"

蒋英:我觉得蒋百里应该算是一个文艺复兴时代的人,他懂文、懂武,他懂西洋的、也懂中国的。他懂拉丁文、日文、德文。他爱文学,他会写诗,他也会打枪、骑马……我觉得他属于文艺复兴的时代。

(转自《纵横》2009年第8期)

目 录

前 记 ·· 1
第一章　文艺复兴时代气息 ·· 1
　　远 见 ·· 5
　　　　附：文艺复兴时代的典型人物 ···································· 7
第二章　李广数奇 ·· 9
　　保定军校校长 ·· 11
　　赢得了左梅的爱情 ··· 13
第三章　欧游前后 ·· 15
　　反袁运动 ·· 15
　　欧游新见 ·· 17
　　"生活条件与战斗条件之一致" ·· 20
　　　　附一：《欧洲文艺复兴史》序 ···································· 23
　　　　附二：《清代学术概论》序 ·· 25
　　　　附三：德国战败之诸因 ·· 27
　　　　附四：从中国历史解释国防经济学的基本原则 ············ 31

第四章　在南北军阀混战局面中 … 36
在孙传芳的幕后 … 38
不如意事常八九 … 40
　　附：蒋母杨太夫人墓志铭 … 43

第五章　从混战到混战 … 45
东不如西之"西" … 47
囚居生活 … 49
狱中后记 … 51
"书生无用论"及其他 … 52
　　附：中国史之我见 … 55

第六章　"天下兴亡，匹夫有责" … 57
蒋昭的夭逝 … 59
再游欧美 … 61
女儿的故事——一幕喜剧 … 63

第七章　"西安事变"中的"特客" … 66
"昨为座上客，今为阶下囚" … 66
"跌落了眼镜" … 68
俘虏作军师 … 70
"昨为阶下囚，今又座上客" … 72

第八章　英国论 … 74
杜黑主义的信徒 … 76
国防军事的报告 … 78
军事运输 … 80
　　附："西安事变"的特客
　　　　——蒋百里先生 … 83

第九章　卢沟桥的炮声 … 85

条条大路通罗马……………………………………… 87
　　在柏林的沉重情怀……………………………………… 89
　　在巴黎的一页…………………………………………… 91
　　《日本人》，那故事的内幕…………………………… 92
　　"西安事变"余话……………………………………… 94

第十章　从战争中锻炼生活………………………………… 97
　　"悲观与乐观""抗战之前因后果"…………………… 99
　　"英雄跳，我们笑！"………………………………… 101
　　游击战………………………………………………… 103
　　"新"与"故"………………………………………… 104

第十一章　作军师的条件…………………………………… 107
　　"知"与"能"………………………………………… 109
　　"慧眼"——陆军大学的意义………………………… 111
　　在桂林的最后演讲…………………………………… 113

第十二章　在宜山——最后的一瞬………………………… 115
　　"澹宁"杂谈………………………………………… 117
　　未完成的杰作………………………………………… 123
　　未完成的"自传"…………………………………… 129
　　　附：哭亡父蒋公百里……………………………… 131

第十三章　张宗祥述蒋百里………………………………… 134
　　附一：蒋百里年表…………………………………… 140
　　附二：痛苦中之追忆………………………………… 142
　　附三：哀百里………………………………………… 145

第十四章　史料述评………………………………………… 147
　　答客问………………………………………………… 151
　　　附一：与蒋百里先生一席谈………………………… 157

附二：关于蒋百里先生文选 …………………………… 165
　　　附三：蒋百里先生文选后序 …………………………… 166
第十五章　悼　念 ………………………………………………… 170
　　　附一：悼蒋百里先生 …………………………………… 176
　　　附二：哭蒋百里先生 …………………………………… 179
第十六章　编　余 ………………………………………………… 181

附录一　蒋百里遗著
　　　《日本人——一个外国人的研究》 ………………………… 187
附录二　蒋百里年谱 ……………………………………………… 207
附录三　蒋百里传记资料知见录 ………………………………… 219

编后记 ……………………………………………………………… 225

前　记

二十五年前，抗战第二年，我在浙闽沿海一带旅行，春末到了福州，恰好碰上福建全省举行科学宣传周，也参加了开幕式。教育厅长郑贞文先生要我对青年学生作讲演。我说：近代中国思想，以"闽学"为主潮，不过，过去七八百年间的"闽学"，乃是朱熹在建阳南平一带所传授的格物致知之学。到了今日，这样的"闽学"还不够解决现实的问题，我们要提倡另外一种"闽学"，郑樵（渔仲）的"到自然、到社会中去研究"的"闽学"。（郑渔仲和朱熹时代相先后，都是南宋学人。）我又说到我自己，本来如清代正统派的朴学家一样，研究考据之学，奉郑康成（东汉末年大经学家）为宗师。古人称郑康成之学为"郑学"，如今我们要提倡另外一种"郑学"——郑渔仲之学。这番话，很得贞文先生的赞许。（郑氏原是科学家。）我也举了一些战场上的实例。过了几天，陈仪（公侠）主席邀我谈话，他也提到我的演讲，他说我的主张和蒋百里先生相接近。（公侠先生原是百里的好友。）我说我是单不庵先生的弟子，单师也是百里总角之交。我们就谈到他们两人治学方法的不同。

我本来是伏处书斋,作考据文史的工夫,过的是学究生活,抗战把我带到"行万里路"的生活中去,也可以说是从乾嘉学人的方式,走向顾亭林、顾祖禹的治学途径去了。这一方面,颇受百里先生的影响。百里说过:"现在哪里是青年人安心读书的时候?前方战地是青年人最好的课堂,从战地得来的学问,比从课堂上得来的可宝贵得多。"(见当年《大公报》)他所讲的正是我这番话的注解。八年的战地生活,倒把我一点"上不巴天,下不巴地"的空头学问弄得有点边际。最重要的一点,我并不是手不能提、肩不能挑的人。(我本来是金华学派的后学,经过战地生活,更和颜元、李塨的学派相接近了。)

先师单丕(不庵)先生,他也是乾嘉考证学的学人。(他的生活方式,则是宋明理学家这一型的。)他的读万卷书,是了不得的,可是,他一生学问竟如英国史学家亚克敦(Lord Acton,阿克顿勋爵)一般,书斋里井然排着几万卷图书,据说每一部每一卷都遗有他的手迹。而在余白上,还用铅笔的细字记出各种的意见和校勘。(单师则用毛笔。)他的无尽藏的知识,相传是没有一个人不惊服的。……但他之于历史学,也到死为止,并不留下什么著作。这蚂蚁一般勤劬的硕学,有了那样的教养,度着那么具有余裕的生活,却没有留下一卷传世的书。"他就像戈壁的沙漠的吸流水一样,吸收了知识,却并无一泓清泉,也就不曾喷到地面上来呢?"我是单师最心爱的弟子,当然没有批评他的意思,但我和查猛济兄(他是百里的至亲),和百里先生谈到单师时,不禁有"徒然的笃学"之叹。(我也觉得十分惭愧,总想把单师的一些劄记及考据文字整理起来,可奈我们那位不识字的师母,她顽强地拒绝把单师遗书送到文澜阁去保存起来,我也是无可奈何的。)

我最近根据手边的一些史料,替百里先生写一本传记性的小册子。就因为文献不完全,许多方面,只能缺疑,等有机会再来增补。像我这样不曾弄得十分完整便刊行的事,单师一定不赞成的。但许多事都不能俟河之清才来做的,我想百里先生不会怪我的草率。好在他的几个女儿都是了不得的,她们一定会写出另外的传记来的。

一九六二年十二月十八日

第一章　文艺复兴时代气息

  天生兵学家，亦是天生文学家，嗟君历尽尘海风波，其才略至战时始显。

  一个中国人，来写一篇日本人，留此最后结晶文字，有光芒使敌胆为寒。

——黄炎培挽百里

  一九三八年十月，百里先生病逝广西宜山，我曾写了一篇悼念文字，称为"文艺复兴时代的典型人物"。我说：欧洲文艺复兴运动的特征，在那黎明时期的苏醒气息——朝气中，并不只是倾向到异教思潮。我觉得清末戊戌、辛亥以迄五四运动前后的思想波澜、人物性格和文艺复兴时代颇为相近。我把百里先生比作雷渥那德·文西[①]。文艺复兴时代的人物，都

[①] 今译莱奥纳多·达·芬奇（Leonardo de Vinci，1452—1519）。蒋百里在其《欧洲文艺复兴史》中对达·芬奇的评价为："于文学、美术、科学、哲学无所不通，无所不精。其多才多艺为历史上所未曾有。""艺术家以知立者，其明智之光能烛万物之微而无不入。"

是多方面的，多方面的兴趣和光芒。以文西而论，他是科学家、画家，又是雕塑家，又尝为工程师，在北意大利开了一条运河，又曾在米兰造了许多堡垒，又是音乐家、格物学家、军事学家，而且替后世的飞行设计，构了许多幻想图，够得上"多才多艺"四字的赞语。（这样多方面光芒的人物，在那时代还是很多，如米克兰哲罗①，也是身兼绘画、雕塑、建筑、工程、诗人、生理剖解这些专门技术的。）百里一生既是军事学家，又为政论家，擅长文史研究，诗写得不错，字也写得很好，也是多方面的才能。他娓娓清谈，滔滔不绝，风趣横溢。他著《欧洲文艺复兴史》，对于那时期的气息，体会得很亲切，文字中流露着闪眼的光芒。

我写了那段文章，后来读了张宗祥先生的纪念文。（张先生和百里先生，还有我的老师单不庵先生，为青年时相知契的三友。）他也说起：百里先生在甲午前除了习制艺八比，喜欢历史及小说。他曾劝张先生看《野叟曝言》，且诩诩以文素臣自居。张氏觉得文素臣贪多务能，不合他的理想。张氏又说："百里此后政治、哲理、外交、美术，靡不研讨。不徒以兵学擅长，则少年时已基之矣。"也正好合了我的说法了。（《野叟曝言》，清江阴夏二铭所作。文白字素臣，"是铮铮铁汉落落奇才，吟遍江山，胸罗星斗。说他不求宦达，却见理如漆雕；说他不会风流，却多情如宋玉；挥毫作赋，则颉颃相如，抵掌谈兵，则伯仲诸葛；力能扛鼎，退然如不胜衣，勇可屠龙，凛然若将殒谷。旁通历数，下视一行；间涉岐黄，肩随仲景。以朋友为性命，奉名教若神明；真是极有血性的真儒，不识炎凉的名士"。）

百里先生，于我当然是师辈，因为查猛济兄和我都是单师的门徒。查兄和百里先生又是内亲。因此，我在上海就见过这位风云的前辈。有一

---

① 今译米开朗琪罗（Nichel-anze Baonarroti），蒋百里对其评价为："艺术家之以力成者，其精神之强能挟万物以趋而无不动。"

天,那是"一·二八"战后的第三天,二月一日。他和我们在一家咖啡馆喝茶,翻开那天上海版的《每日新闻》,头条新闻是日本陆相觐见天皇的电讯。他沉吟了一下,对我们说:二月五日①早晨,会有日军一师团到达上海参加作战了。他何以这么说呢?他说日陆相觐见天皇的意义是报告日军正式出战。依日本当前的运输能力,三天之间,可运输一个师团兵力、四万战斗兵及其装备到上海,所以他估计这一师团,五日可以投入战斗。(后来,他把这一估计,告诉了蔡廷锴将军。)果然,"一·二八"战役,日军的第一场反攻是从二月五日②开始的,他估计得非常正确。我对于百里先生的钦佩,就是这么开始的。高子白先生悼诗中,有"论兵迈古闻中外,揽辔澄清志羽纶"句,也说百里是现代的诸葛呢。

"无端急景凋年夜,到处低徊遇古人。瓶里赤心甘必大,墓前青草史来芬。雄狮伤后威犹在,白马归来画入神。如此人才如此事,回天一梦到新正。"这一首诗,百里先生自注:"闻孙(即张宗祥)要我写字,即录丁丑除夕在巴黎柏林间所感,装些外国古董给他看。"甘必大,法国元帅,他的心,还在瓶中供养着。史来芬(今译施里芬),德国军事学家,墓前无人扫除,乱草纵横,墓铸一狮,受伤倦卧。"白马"句,系指法国名画家画拿翁(即拿破仑)凯旋归来的故事。

一九三八年八月间,汉口版《大公报》刊载了一篇不署名的文章《日本人——一个外国人的研究》。这篇文章,真是轰动一时。稍微知道内幕

---

① 此处疑作者笔误。在曹其他著作中提到的均为"二月七日"。事实上,在其所著《中国抗战画史》中将"一·二八"淞沪战役分为三个阶段,"自初战至二月七日,日增援陆军到达上海为一阶段";"从二月七日,日陆军参加战斗,到二月二十三日庙行之战为第二阶段"。
② 曹聚仁在其《采访外记》(三联书店版)中提及这一段,他如是写道:"(蒋百里)说:'陆相杉山昨日晋谒天皇,这就是报告出兵的意思,依日本的运输能力,以及从长崎到上海的水程,估计七日早晨,可运到一个师团。'果然,二月七日,日本的第九师团,到了上海,参加作战了。"此说法更为准确。

的，都明白这是蒋百里先生的手笔。在一切宣传文字中，这是有内容，出于冷静观察，而以真挚感情来表达的杰出之作。

百里先生把这故事托之于一段神话，说："上一年冬间，我在柏林近郊绿林中散步，心里胡思乱想，又是旧习惯不适于新环境，看手表不过五点，但忘记了柏林冬天的早黑——结果迷失了道路，走了两点多钟，找不到回家的路，不免有点心慌。但是远远地望见了一个灯，只好向着那灯光走，找人家问路。哪知道灯光却在一小湖对面，又沿湖绕了一大圈，才到目的地。黑夜敲门（实在不过八点半），居然出来了一位老者，他的须发如银之白，他的两颊如婴之红，简直像仙人一般。他告诉我怎样走，怎样转弯，我那时仍旧弄不清楚。忽然心机一转，问他有电话没有，他说：'有。'我说那就费心打电话叫一部车子来罢。他说：'那么请客厅坐一坐等车吧。'一进客厅，就看见他许多中国日本的陈设，我同他就谈起东方事情来。哪知这位红颜白发的仙人，他的东方知识比我更来得高明。凡我所知道的，他没有不知道；他所知道的，我却不能像他那样深刻。比方说'日本人不知道中国文化'等类，他还有《日本〈古事记〉研究》一稿，我看了竟是茫无头绪。我十分佩服他，从此就订了极深切的交情。这本书是我从他笔记中间，片段的摘出来而稍加以整理的。"这一段，托之于夜遇仙翁，说得很有趣。

百里先生这篇文章，是借着莎士比亚的"汉姆来特"（今译哈姆雷特，下同）来着笔的。他说："一群伟大的戏角，正在那里表演一场比汉姆来特更悲惨的悲剧。……古代的悲剧，是不可知的命运所注定的；现代的悲剧，是主人公性格的反映，是自造的；而目前这个大悲剧，却是两者兼而有之。"

依我们看法，他是懂得辩证发展的规律的，他说："日本陆军的强，是世界少有的；海军的强，也是世界少有的，但是这两个强，加在一起，却等于弱。这可以说是不可知的公式，也可以说是性格的反映。"他说：

"孔子作易,终于'未济',孟子说:'生于忧患,死于安乐。'这种中国文化,日本人根本不懂,他却要自称东方主人翁?"这些话到今天看来,不正是先知的启示吗?

远 见

百里先生逝世时,黄任之(炎培)先生挽联中说:

  天生兵学家,亦是天生文学家,嗟君历尽尘海风波,其才略至战时始显。
  一个中国人,来写一篇日本人,留此最后结晶文字,有光芒使敌胆为寒。

这就把他的才学抱负都说出来了。当时,邵力子先生也括取蒋氏的《国防论》、《日本人》二书精义,写了挽联:

  合万语为一言,信中国必有办法。
  打败仗也还可,对日本切勿言和。

蒋百里一生,最关心国家命运,他虽是将帅门生遍天下,却是李广数奇,没有施展才略的机会,而念念不忘"国防"与"抗敌",看得非常远,非常细密。当时,张仲老(一麐)曾对我们说起一件事:那时,他和梁漱溟先生都在重庆。(漱溟尊翁梁巨川先生和仲老是乙酉同年。)看报得百里病殁宜山噩讯,漱溟失声长叹。仲老问了缘由,漱溟说:"我五年前在邹平(山东),得百里先生电云将特地过访,覆到即行。漱溟素未识蒋,但闻其名,即覆电专诚相晤。百里如期至,乃适漱溟夫人病危弥留,无暇招待，百里参观后，不暇深谈。未几相遇于青岛，百里问我：'君知我前至邹平之故乎？'漱溟曰：'不知也。'乃曰：'吾知中日之战，势不能免，胜败之分，一在械，一在人；论械则我不如敌，论人则我多于敌七八倍。然今日军事在民众总动员，而将士不过什之三。我国系农业社会，凡农民欲以民族主义动之不易明了；惟欲破坏其所据之乡村，则彼以生命相搏，故欲君于教育中注重于乡村。始吾所以专访邹平，欲告君之理由也。'今天他逝世了，我能不哀痛吗？"仲老说："中国本少参谋人才，而若百里之学识，尤为军人中所绝无仅有的，这是朋友们所共同承认的。"

中日战争前夕，百里先生曾往日本考察一回，晤及士官老同学真崎、荒木诸人，知道中日关系不能再拖下去了。他从地理及民族性看，湖南乃是中国的心脏，中国的乌克兰。一旦战事爆发，沿海一带首遭蹂躏，工业计划应着眼于山岳地带，而便利防空及军事守险，应以南岳为工业核心。百里和实业部专员讨论炼钢计划说：初步小型工厂，可设于安徽的马鞍山，大冶的铁和安徽的煤，运起来都很便利，一旦发生对外战争，九江以下都不是安全区，炼钢厂应该设于株州以南，郴州以北；而萍乡的煤，宁乡、醴陵、永兴的铁，质量都是合用的。他曾主张向美大量购买柴油（那时油价比自来水稍贵），而设储油池于庐山、衡山及武陵山脉川湘边境。（油池设在山洞中，以防敌机轰炸。）他说中日战争发生，大本营应设在芷江、洪江一带，那一地区有森林，有矿产，又有沅江流贯其间，乃是天然的国防地带。（空军基地设在昆明。）在"七七事变"前一年，他能作出这样的军事设计，可说是远见了。

附：

文艺复兴时代的典型人物
曹聚仁

我很早就读过蒋先生所著的《欧洲文艺复兴史》（商务本），那本书的序文，系梁启超所作，梁氏自谓动笔作序，一写便不能自休，后来竟是子息大于娘本，只能单独出本，替本史另作一序。那本因作序而写成的，即是有名的《清代学术概论》（商务本）。梁氏的概论，也是开山工作，自有独到之处，不过定要把清代三百年的学术思潮，比附之于欧洲文艺复兴运动，我个人总以为大可不必，欧洲文艺复兴运动的特征在那黎明时的苏醒气息——朝气，并不只是倾向到异教思潮。

要比附的话，我倒觉得清末戊戌政变、辛亥革命以迄五四运动前后的思想波澜、人物性格，和欧洲文艺复兴时代颇为相似。如可比附的话，我倒想把蒋百里先生比作雷渥那德·文西。文艺复兴时代的人物，都是多方面的，多方面的兴趣和光芒。以文西而论，他是科学家、画家，又是雕塑名家，又尝为工程师，在北意大利开了一条运河，又曾在米兰造了许多堡垒，他又是音乐家，格物学家，军事学家，而且为后世飞行设计的幻想人，他真够得上"多才多艺"四字的赞语。这种多方面光芒的人物，当时还很多，即如米克兰哲罗也是身兼绘画、雕塑、建筑、工程、诗人、生理解剖等技术的。蒋先生一生既为军事学家，又为政论家，又擅长文史研究，字也写得很好，也是多方面，其谈讲说述，滔滔不绝，风趣横溢，也颇有文西的气概。他著作《欧洲文艺复兴史》，对于那时期的气息，体会得很亲切，文字中也流露着闪眼的光芒。

我个人对于研究系那一群人的政治手腕，心中总不敢苟同；（或者由于我个人所受的理学气氛而来。）但对于研究系人物的学问风度却非常佩服。我为什么提起研究系呢？因为研究系已成为历史上的名词，可以撇开政见同异政党感情来作公平论断了。研究系的人物，如蔡锷、梁启超、黄选新、张君劢、张东荪……都是多方面的人物，蒋先生并可以说是其中最杰出的一个。我们若认为研究系的思想气氛，即是文艺复兴时代的气氛，这话也不算十分牵强吧！

　　为什么一个大变动时代的人物，不只扮演一种角色，而要扮演许许多多样式的角色？史家解释满洲的人文主义，说是一种活泼新奇的人生观，对于人生现实发生乐趣，富有自信力，为青春狂热所鼓动。人人对于现况乐观，对于世间一切都觉得有办法，即有尝试为之的精神。当其对旧的表示厌恶，对于一切新的即爱接受，自然而然，要多方面去尝试了。蒋先生文字中所带来的乐观气氛，即是这一种活泼新奇的气氛，它之所能吸引人亦在此。

　　假使以上的话，不算十分曲解，那就算我在蒋先生的垄柏上所挂的剑了！

第二章　李广数奇

合万语为一言，信中国必有办法。
打败仗也还可，对日本切勿言和。

——邵力子挽百里

汉代大史家司马迁，写了许多篇出色的传记，其中最出色的一篇，便是"李广列传"。李广原是他的至亲，一生立了那么多战功，可是命运不济，一生终无封侯之望。有一回，他和"望气"（相命家）闲谈，说："自汉击匈奴而广未尝不在其中，而诸部校尉以下，才相不及中人，然以击胡军功取侯者数十人，而广不为后人，然无尺寸之功以得封邑者，何也？岂吾相不当侯耶？且固命也！"百里先生，他是不相信命运的。但他一生怀才不遇，朋友们都有李广数奇之叹。

百里先生，日本士官第三期毕业生，和他同期的有蔡锷、李烈钧、张澜（民盟主席）、许崇智、蒋尊簋，都是后来的知名之士。他和百器（即尊簋），都是浙江人（百器，浙东诸暨人）。太炎先生许为"浙之二蒋，倾国倾城"。他以步兵科第一名毕业，天皇赐刀褒奖，日本人引为了不得的光荣。[①]（他和日本军人荒木贞夫、小矶国昭，都是同期同学。）他回国后，由于他的老师陈仲恕的推荐，到东北入赵尔巽幕府，任督练公所（训练新军机构）的总参议（即参谋长）。那时，关外旧军首领，如张勋、张作霖，嫉忌新军，视百里如眼中钉，必欲去之而后快。百里默察情势，只留了三个月，便托词深造，向赵帅陈请，和宁调元、张孝准一同到德国去实习陆军了。（光绪三十二年，彰德观操后成行。）

在德国实习时期，百里在德国第七军任实习连长。那时的统帅正是兴登堡将军，军长马金生上将，都是一时名将。驻防伊堡司瓦德（Eberswalde）时，兴登堡特地召见这位年轻连长，拍拍他的肩膀说："拿破仑生前曾经说过：东方就要产生伟大的将星了，看来就会应在你的身上吧！"百里年轻气壮，也颇以此自负。他的德语说得不怎么好，他念的德国诗，却铿锵有致，能达诗情，也可见他的文学修养。

一九一二年冬天，百里继任保定军校校长，在保定军史上是一件大事，在百里一生也是一件大事。有人以为百里是保定军校第一任校长，那是说错的。保定军校，成立于前清末年，荫昌将军所创办。首任校长赵理泰，系北洋派老军官，段祺瑞的亲信。年轻学生不满赵校长的腐败老朽，发生驱逐校长风潮。袁世凯便信了荫昌的话，任百里为校长。（荫氏为百里老师，那时任总统府的侍从武官长。）可是，在"袁与段""新与旧"的门户之见中，百里虽有整顿校风军风的决心，依旧一筹莫展，百里入京请款无着，曾迫而自杀。那一响枪声，振奋了保定员生的奋发精神。他担任校长的时期虽不久，却使保定军校学生，永远记住这唯一的校长了。

[①] 陶菊隐《蒋百里先生传》亦云："光绪三十一年（乙巳，1905年）百里以步兵科第一名毕业，夺锦标本是他的惯技，可是在日本人看起来却是件了不得的事：士官榜首例由天皇赐刀，日本人引为殊荣，这荣典为中国人所得，日本学生便又引为奇耻大辱了。……士官自第四期起，若干课程中日学生分开来授课，就是预防中国学生再夺锦标的动机。"

在北洋军阀的末运，一九二六年前后，百里先做了吴佩孚的参谋长，接着又做了孙传芳的参谋长，都挽救不了日薄西山的终局。后来唐生智反蒋的运动，百里也参加幕后的活动。因此，他在南京，也经过一段时期的囚居生活。总之，他的军运永不亨通，一生只做幕僚长，而所帮助的又是走霉运的人物。说起来，可能和他所参与的研究系的政治命运有关，这也一言难尽的。

西安事变后，百里才和国民党有了进一步的关系，由"尊"而"亲"，由"亲"而"信"，蒋氏（介石）居然把自己兼任的陆军大学校长职位，让他来担任，好似他的库帽运已经走完了。哪知任职未数月，便在宜山病逝了，命矣夫！

太史公李广传赞："……及死之日，天下知与不知，皆为尽哀！彼其忠实心诚信于士大夫也。谚曰：'桃李不言，下自成蹊。'此言虽小，可以喻大也。"这话，倒可以作为百里先生的评语。

保定军校校长

我说了百里先生担任民初的保定军校校长，由于军事当局的牵掣，愤而自杀。这一枪，却振奋了保定军校员生的精神，一般人心中，好似百里和保定军校，二而一，一而二。除了他，没有人再记起还有其它的校长了。每一军官，都以做了百里弟子为荣，有人还把创校的事功归之于他。因之，我说述百里一生的功业，便从他做保定军校校长说起。

清末新军，本该从小站练兵说起，可是，主持军政的荫昌在德国受军事教育，打算另外训练基本军事干部。各省都设立了陆军小学，保定军官学校则是中级军事教育。小站所训练的，都是行伍出身的下级干部，对于现代化军事技术，难于接受。陆军小学和保定军校，招收青年知识分子，在接受现代化军事技术上，确乎进了一步。可是，辛亥革命以后，各方所保送的军事干部，程度参差不齐，和原来的训练目标差了一大截。那位赵校长（理泰），原是小站旧人，却是烟瘾很重的旧军人。他自己既很少到学校办公，所聘教官、区队长，都是日本留学的陆军速成学生，无论学课或术课，都不能胜任愉快，引起学生的普遍不满。赵校长是段祺瑞的亲信，段氏护短，曾建议停办军校来打击学生的反校长运动。百里向袁、段二氏力陈训练军事干部的重要性，因此，校长职责落在他的身上来了。那时，袁世凯有意拉拢进步党的首要，借梁启超、蔡锷的声望来抗拒国民党。百里担任保定军校校长，也是袁氏拉拢梁、蔡一着好棋。

那时，百里先生只有二十九岁，年富力强，颇想有所作为。他辞了云南民政厅长职位来做军校校长，别人看来，当然是书生的傻劲。他到校第一件事，便是整肃员生的仪表：学生一律穿军装，带帽子，束皮带，扣好风纪扣，俨然是一个军人。他亲自巡视厨房，注意员生饮食营养，他自己和学生同桌吃饭，与学生同甘苦。他注重学生课业，凡是外国语、战术等课，绝对不许缺课，教官请假，他便代为讲解。他每天日夜分别巡视全校，注意学生的课余生活。先前的暮气一扫而空，而他自己的学识辩才，获得员生的钦仰。三个月后，先后检阅全校野外、课堂、内务、人事管理，显得各方面都有进步。可是官僚主义的旧习气，积重难返，聘任教官，改善副食，事事和学校经费有关。他向部中请款，函电频迭，却没有回音。他亲自到北京，向部中交涉，军学司司长魏学翰多方面留难。他曾电袁世凯请求辞职，袁不批准他；再向部中催款，部中还是不理。他知道他已经无法达成任务，只好一死以对国家和学校员生了。

一九一三年，六月十八日黎明（上一晚，他刚从北京回校，一夜没睡过），召集全校员生在尚武堂听训。他说话很低沉，却很悲痛，表明他自己在目前环境下，无法来实现训练新军教育的目标。"我自己不能尽责任，是我对不起你们。"那时，他便拔出身怀的手枪在大众面前自杀了。①他写给教育长张耀亭的遗书道：

"仆之殉职，为国家故。虽轻若鸿毛，而与军人之风气有关。乞告老母，不可悲伤。总长处，请告以军事非至善之目的不能成功，徒以彼善于此之言，聊以自慰，则军事永无振兴之日。"

赢得了左梅的爱情

尚武堂前的枪声，惊动了保定军校的员生，也惊动了北京的总统府，朝野谴责当局和慰问百里的电讯，也就发挥了百里采取自杀这一举动的积极意义。袁世凯立即下命令，令参谋总长荫昌、公府军事处处员朱庆澜驰赴保定查明真相，着（要）交通总长曹汝霖找日本外科医生赶往医治，并派张教育长代理保定军校校长。接着又派参谋次长陈宦前往慰问。百里一生温和谦逊，文质彬彬，那一回的坚决行动，更显得他的意志的坚定。他中弹后转身走了二十多步，才倒向地上，学生涌向上前去扶挽他，一同抬到校长室去。幸得伤势不重，经过了急救，便慢慢痊复过来了。百里也就此离开保定，回到北京去了。

在这场突发事件中，百里先生却又碰到另一传奇性的遭遇。那天，日本驻北京公使伊集院派往保定急救的，有军医平户和助手左梅。（左梅，日本北海道人，一八九〇年生，姓佐藤。左梅乃是百里替她取的名字，因为他爱梅花，所以字之曰梅。她曾在日本护士助产专门学校毕业，在帝大产科实习五年，才派来驻中国日本使馆服务。）他们坐了英国式马车，从保定车站到了军校，她决想不到这回偶然的差遣，就决定她一生的命运。这位受伤的年轻军官，就成为她终身的伴侣了。那时，她只有二十二岁。

---

① 此事在陶菊隐《蒋百里先生传》中有记录一位学生的事后感，详文为："这是蒋校长给我们上的另一课，这一课名曰军人之精神教育。负责任是军人所必需的，别人只在口头说，他却以身作则，不仅见之于行动，甚至不惜贡献他宝贵的生命。中国如果有人继续这精神，则军人负责任和不计成败生死的风气早已建立起来，而中国也不会弱到这地步了。"

平户军医替百里仔细检查一过,发现前后有两口,子弹从背部穿入,由两道肋骨间波状地穿出来,心脏小叶尖被擦伤,幸而没有危险。只是血流积在腹胸,还不便抽取。他要他静养,把调理的责任交给左梅;平户回京去,左梅便留了下来。百里病势慢慢转好,左梅和他说得很投机。她鼓舞他对人生的忍耐精神与大无畏的意义,他这位领导群伦的校长,却受了这位异国女孩子的鼓励。这一来,百里先生便不知不觉陷入情网,他对她说:"我依你的话,不再轻生了,但以后遇到生死难关,没有像你这样的人在我的身边,谁来提醒我、鼓励我的勇气呢!"她仔细一想,这不是他对她求爱吗?她真想不到会嫁给中国人的。(我上面说过查猛济兄和百里先生是内亲,百里的原配夫人查氏,正是猛济的姑母。)

百里病愈后,不再回校长职位,段祺瑞派了曲同丰继任,他就到天津休养了三个月。以后的职务,便是军事处参议的闲职。百里在天津川田医院疗养时,京方已通过外交关系,经由平户军医传达百里正式向左梅求婚之意;左梅也打不定主意,便托词回国省亲来冲淡这场尴尬的婚姻。她回国以后,百里也去了许多信,她曾经决绝回了百里一信:"我不会说假话,不妨把真情告诉你!日本女子嫁给中国人,有很多的困难,而我又必得上承父母之命才行。我已向父母说过,他们说:'日本不是没有好男人,又何必嫁给一个身带暗伤的中国人呢?'看来事已无望,你就死了这条心吧。"可是百里比她还要决绝说:"我因你而生,你现在又想置我于死地,我马上到日本,要死就死在你的家里!"这一来,百里毕竟赢得左梅的心了。百里的士官同学周赤忱[①],替他把她接了回来,他俩是在天津德国饭店结婚的。

[①] 周赤忱,名承英,士官四期生。后蒋百里与左梅在德国饭店的婚礼请周做了现成的冰人。

第三章　欧游前后

文节先生宜水东，千年又致蒋山佣。
谈兵稍带儒酸气，入世偏留狷介风。
名近士元身得老，论同景略遇终穷。
知君最是梁夫子，苦忆端州笑语融。

——章士钊挽百里

反袁运动

民初政治运动，进步党介于国民党与袁世凯之间，他们曾经站在袁的一面，帮助着袁来打击国民党的二次革命，却又在袁世凯帝政自为时，和国民党组成联合战线共同反袁。过去写民初历史的，因为同情国民党的失败，而对进步党作贬辞。到了国民党执政时，官书式的历史，对若干民初政事，又有种种不同的曲笔。我们该记得一九四一年，已经是抗战第四年，在重庆的国民政府，忽然颁发褒扬梁启超的明令，一篇六四文字，几乎编者与读者都不知道是何道理。我说："这便是表示国民党与进步党（研究系）之间的恩怨已了，当局重新承认梁启超在民初政治运动中的地位，推许他在反袁工作乃是主要的人物。也可以说：国民党方面自己承认过去多少是吞天之功以为己有的。"

我们承认反袁世凯帝政运动中，梁启超、蔡锷、戴戡是主要人物；在其幕后，便有蒋百里和李小川。李小川，在民初，也是很活跃的人物，近年来，已经很少人知道他了。他是云南人，四川武备学堂毕业，以十八岁青年为四川总督锡良所契重。光绪三十二年，彰德秋操中，李小川从四川北来，蒋百里从关外南行，相会于彰德。一夕深谈，深相契合。小川回川，百里赴日转德留学，途中，小川曾接到百里写给他的一封信，云：

"小川吾兄阁下：河梁一握手，北走南驰，正不知此日行旌行将何指，而此书之能入公目触公手者，又复不知何日？仆之作此书，则九月十四日离芜湖十里许长江轮舟中也。仆预定十五日至申，二十东渡。出汉口，乃知申甫兄（四川武备学堂教官，徐孝刚之字，百里同期同学，四川军界前辈，四川军人多出其门）已向宜昌。本有言欲由申甫转达，今无及矣。阁下以明敏之资，又复富于研究。务记扩其眼界而坚其志向，则此后功业，要非仆所能识也。仆之于君，交仅一面，遽腼颜作此等语，人或笑之，但区区之忱，固有莫知其然而然者也。到东后，公如有志再往东留学，尽以书来，一切事当为君设法任之。临风怀想，不尽依依。"①

---

① 曹著引此函有缺失处，编者参照陶菊隐之《蒋百里先生传》略作校正。

百里巨眼识英雄，小川感恩报知己，他们两人之间，便建立了不可破灭的友谊。

反袁之役，梁启超和蔡松坡唱了双簧，蔡松坡和蒋百里也唱了双簧，等到他们脱离了虎穴，南下转往西南，起兵讨袁，百里也就离开北京。（百里从总统府出来，写了五封信留给左梅夫人，左梅当然很会意。他从东门出城，骑驴到廊坊，乘三等车到天津，即转车南下的。）而替西南军人带信给蔡松坡的，便是李小川。后来，蔡松坡督师入川，李小川以慰军使名义入川，任蔡氏的军参议。百里辗转入川，他的夫人左梅，也离京往上海回日本新潟小住。蔡松坡军中得病，情势危急，百里便伴着他同往日本诊治，药石无效，蔡氏遂在日本逝世。（那时，松坡只有三十五岁。）因此，袁帝暴卒，帝政虽已推翻，而川局一直混乱；蔡、蒋一番雄图，也就化为泡影了。在混乱局面中，戴戡、张耀亭都被川军所杀，李小川和百里看到情势已不可为，也只好离开四川了。这是百里接任保定军校的挫折后的另一逆境。

注：中国的政党一直还保留着封建社会关系。百里之于梁启超，私人友谊甚深，处于师友之间。因此，大家认为他是进步党研究系人物。据说，百里并未参加进步党。同时，他和国民党也只是朋友，并无党的关系。此说足备参考。

欧游新见

进步党的政治生命，在反袁运动中露了锋芒，随着蔡锷的病逝，戴戡被暗杀，又黯淡下去。百里先生在四川不能立足，又回到北京过闲散的军职生活。他的朋友梁启超，依旧在北洋派军人屋檐下想有所作为，但在冯国璋、段祺瑞当权时，可以说是一事无成，也曾想撇开政治活动，从事大中华的言论工作。百里的京居生活，一天一天困难下来，（百里任将军府将军,月薪二千元,因为国家财政破产,开头还可月支八百,不久又减半为四百元,后来折扣愈大,每月所得不足三百元。)可是他的学问精进,在军事学研究上,开出了前无古人的新局。他不愧为战略及战术专家,却又酷爱莎士比亚戏剧,又是文学名家。(梁启超主办《庸言报》及《大中华杂志》,凡有关军事论文,都由百里执笔。)

一九一八年十二月,梁启超氏以欧洲考察团团长名义访问欧洲各国。团员如刘崇杰(外交)、丁文江(工业)、徐新六(经济)、张君劢(政治)、蒋百里(军事),都是一时之选,各有所长的。他们一九一九年一月二日到了伦敦,在英国住了一星期,即赶赴巴黎,参加一月十八日启幕的和平会议。这一考察团,实际上便是中国出席和会代表团的咨询机构。三月以后,他们便从巴黎出发,泛游欧陆各地,参观欧战遗迹。在那十个月的游历中,成熟了百里的军事新见地。我们知道他曾经编集一本《欧洲文艺复兴史》(商务版),这是梁氏请了法国学人演讲,由百里笔录加以整理而成的①。当时,百里写成全稿,请梁氏写篇序文;梁氏对文艺复兴颇感兴趣,而以清代学术相比较,下笔万字,一写就是十来万字,儿子大过了娘;梁氏稍加补充,便自成一书,便是那本有名的《清代学术概论》(商务版)。又由百里替梁氏作了序,梁氏再替百里的《欧洲文艺复兴史》写了短序,这也是一段佳话。

百里的军事知识,从日德两国而来。德国在第一次大战中失败,正予百里以最好的教训。②他们从马因河(马仑河,今译为马恩河)经凡尔登入洛、亚两州③,折而走莱因河(莱茵河)右岸联军阵地,再取道比利时

---

① 梁启超在蒋著《欧洲文艺复兴史》序言中如此写道:"百里自言此书根据法人白黎许氏讲演。此讲演吾实与百里同听受,本书不过取材于彼云尔。至于论断,则皆百里自摅其心得。吾证其为极有价值之作,盖述而有创作之精神者也。"
② 蒋百里对德国之失败有一抽象的结论:"军阀之为政,以刚强自喜,而结果必陷于优柔而自亡。"本书将百里《德国战败之诸因》一文作为附录,以供参考。
③ 即为洛林、阿尔萨斯两州。

循着缪司河，穿过兴登堡线，再转到巴黎来。这便是大战中相持最久的西线。正如德国军事哲学家克劳塞维尔支研究拿破仑的失败一样，百里处处留心德军战败的因素。（关于这一部分，梁启超曾写了《欧游心影录》。）

和百里先生的军事新观念相表里，鲁登道夫写他的《全民族战争》，百里先生主张寓兵于农，战斗与生活相一致，特别推许瑞士的民兵制。（关于民兵制，百里另有专译，商务本。）百里先生在鲁登道夫《全民族战争》的序文中说："当一个民族吃了大亏之后，自然会发生一种重新估计运动。但是革新运动的人物，大都在当时失败过程中，不曾负过相当责任。群众本来是感情的，所以这时候只知道清算过去。因为破坏一切的理论很容易成立，却不能指导未来。因为改造社会的实际不是靠理论，而是靠行动。民族第一次反省的过程，总是这样，所以真正的成功，必在第二反省时代。这个时期，大约总在二十年左右。"他指出鲁登道夫，是个普鲁士军官，在第二反省时代，本其实际经验，发为革新运动之指导。这在德国民族看来，真是鸿宝。

百里指出未来战争的轮廓，他说："未来的战争不是'军队打仗'而是'国民拼命'；不是一定短期间内的彼此冲突，而是长时间永久的彼此竞走。"他在一九三七年，已预言第二次世界大战的到来，只在三四年之内，真是不幸而言中了。

百里先生从欧洲考察归来，恰好是五四运动和新文化运动的大时代。那时期，领导这运动的，和国民党很少关系。梁启超有感于欧洲的文艺复兴运动，颇想一面整理国学，一面灌输西洋新思想及新学识，融会起来，确定中国的文化路线。他们组织了三个推进新文化的机构：①读书俱乐部，后来与松坡图书馆合并。②在北京（石）达子庙欧美同学会内设立共学社，搜集政治、经济、军事、文艺各种文稿，由商务出版丛书。③由梁启超、蔡元培、汪大燮（外交家）三人共同发起讲学会。每年请一国际学者来华讲学。这三机构，都由百里先生主持，讲学社也由他任总干事

（那几年，先后请了杜威、罗素、太戈尔（今译泰戈尔，下同）、杜里舒来华讲学）①。而张东荪在上海办《时事新报》、蓝介民在北京办《国民公报》、陈博生主编《北京晨报》都是策动新文化运动的力量。孙中山虽是革命先辈，对于文学革命、文化革命却是后觉者。国民党党人，比研究系人士也反应得迟慢一些。

可是，百里先生所说的"书生造反，三年不成"的弱点，正在他们那一群人留存着；他们都是"只敢梦周公，不敢梦文王"的书生。其间有一段有趣的插曲：当时的众议院议长汤化龙，他手下有四位秘书：陈博生、李大钊、霍俪白和某君，都是研究系的知名之士，开明而进步的。有一回，李氏写了一篇以大家庭生活为素材的小说：说这一家有三位少爷，他们一同爱着一位婢女。那大少爷，吃喝嫖赌，无所不为。二少爷是个安分守己的人，想改造家庭而缺勇气。只有三少爷，想脱离家庭实行革命，那婢女，她对大少爷早已厌恶，对二少爷虽有意而嫌其不中用，最后她跟着三少爷跑了。他所说的大少爷是北洋派，二少爷自然是研究系的书生，而三少爷是影射国民党和共产党。婢女便是代表如李氏自己这样的青年人，他终于脱离研究系，成为共产党的信徒了。（百里先生依旧是二少爷。）

"生活条件与战斗条件之一致"

在百里先生的论文中，大家最推许的一篇，乃是他从中国历史解释国防经济学的基本原则②。他遗留下一句名言："生活条件与战斗条件一致则强，相离则弱，相反则亡。"

---

① 所延名人杜威是由胡适之任翻译，罗素是由赵元任任翻译，泰戈尔是由徐志摩任翻译，杜里舒是由张君劢任翻译。
② 此为蒋著《国防论》中之一节，本书收录附于本章后。

他说：生活与战斗本是一件东西，从两方面看，但依经济及战斗的状态之演进，时时有分离之趋势。希腊罗马虽在欧洲取得文化先进美名；但今日继承希腊罗马文化的却并不是当年的希腊人、罗马人。具有伟大的文化而卒至衰亡的总原因，就是生活工具与战斗工具不一致。生活条件与战斗条件之一致，有因天然的工具而不自觉的成功者，有史以来只有二种：一为蒙古人的马，一为欧洲人的船。因觅水草就利用马，因为营商业就运用船，马与船就是吃饭家伙，同时也就是打仗的家伙，因此就两度征服世界。有费尽心血用人为制度的成功者，也有两种：一为欧战时才发明，十年来才实行，西人的国家动员。一为中国三千年前已经实施的井田封建，它的真精神就是生活条件与战斗条件之一致。

我也是一直研究中国社会文化史的，因此，对百里先生的解释十分感到兴趣。他说：封建不是部落割据（近人指部落割据思想为封建思想者，系运用名词的误谬），是打破部落割据的一种工具，"封"就是殖民，"建"就是生活（经济）战斗（国防）一致的建设。"井田"不是讲均产（在当时也不是一件奇事），是一种又可种田吃饭、又可出兵打仗的国防制度。懂得这个道理的制度是周公，继承之的是管仲，(《左传》："齐之境内，尽东其亩"，就可证明田制与车制国防之关系。) 最后成功的是商鞅。井田制到商鞅已是八百多年，一定是同现在的鱼鳞册一样，所以开阡陌正是恢复井田。（百里的话并非是怪论。封建本是把周室的亲属分别放到各部落中去，让他们去和那些部落发生同化作用，这样，才开始了春秋战国的文化交流与发展。）百里又说：要实行此种一出两便的制度，必须有一先决条件，就是要实际与理论绝对的一致之人才。《左传》，到现在还是世界上最好的一部模范战史，他叙述城濮之战时说："晋文公作三军，谋元帅。曰郤氏可，说礼乐而敦诗书。"我们一定想到，礼乐诗书，到底是不是做元帅的唯一条件？其实当时的一群贵族，没有一个没有部属的，也没有一个不会打仗的。从这许多武士中间，寻出一位说礼乐敦诗书的人来当元帅，这自然是正当的。因为那时贵族的教育，是礼、乐、射、御、书、数，件件都是人生实用的东西。

两汉以后，士大夫阶层走入了歧途，生活条件与战斗条件脱了节，乃形成了民族衰败的致命伤。从那以后，社会活动分子与知识分子不绝的暗斗。知识分子之内，又每形成两派自相残杀，一民族中的最重要的细胞，始终在暗斗状态下，因此养成了知识阶级的两件不可救药的痼疾：一就是不负责任。（读书人的最高理想是宰相不是皇帝。他说孔夫子只敢梦周公，不敢梦文王。）二就是不切实用。（自礼、乐、射、御、书、数的六艺而改为《诗》、《书》、《礼》、《乐》、《易象》、《春秋》的六种书，是一大关键。）譬如酿酒，酵素坏了，譬如爆药，雷管湿了，举天下之良法美意无上妙品，——须经过这一道腐败幽门，而后能入于中国社会。百药罔效之总因，岂非在此？

最后，百里先生对于知识分子表示绝望以后，曾说了一句牢骚的话：商店的学徒，工匠的艺徒，要是夜间能读上一点钟的书（就是在实际事物中过生活的人而能习取知识），恐怕倒可以负起复兴民族的责任，而每天坐汽车包车，在中大学上六时以上的功课的，恐怕将来只能做学理上的教授罢了。在我们眼前，他的遗言不正是先知的启示吗？我是信仰百里先生军政理论的人，我对于人民公社的伟大前程，以及对学生劳动教养的绝对赞同，便是从百里先生的"生活条件与战斗条件相一致"的论点而来的。

百里先生又曾说："从古创业帝王，大多出身草莽，而以书生统治天下者，只有两人：一为王莽，一为曹操。宋代以后，书生气质愈趋委靡，充其极只求为相，不求为王，故国家气势薄弱，汉族不振，常为外寇所侵。"假使他现在还活着，我相信他对于当前政情的评价，一定在前贤之上的。

附一：

《欧洲文艺复兴史》序
梁启超

余与百里游欧偕归，百里著《欧洲文艺复兴史》。及成索余序。余曰："文艺复兴者，由复古得解放也。果尔，吾前清一代，亦庶类之。吾试言吾国之文艺复兴而校其所以不如人之故，可乎？"百里曰："善。"余本此意为序，下笔不能自休，及成，则篇幅与原书埒。天下固无此序体，不得已宣告独立，名曰"清学概论"，别索百里为余序。然对于百里之诺责，不可不践也，故更为今序。

序曰：吾侪欧游中，百里常昌言于侪侣曰："吾此行将求曙光。"侪侣时辄戏诘之："曙光已得乎？"曰："未也。"如是者数四。及将归，复有诘者。百里正色言曰："得之矣。"至所得为何等，则未尝言，吾侪亦殊无以测其浅深。及读此书，见其论欧洲文艺复兴所得之结果二："一曰人之发现，二曰世界之发现。"意者百里之得"曙光"，其亦新有所发现于此二者耶？夫"世界"则自有世界以来而即存在者也，"人"则自有人以来而即存在者也。而人乃以为欧人于文艺复兴后始发现之。则前乎此未尝发现也；而他族之未经"文艺复兴的"之磨炼解放者，皆其未尝发现者也。吾民族其已有此发现耶？否耶？吾甚难言之。虽然，亦在乎求之而已矣。吾侪处漫漫长夜中垂二千年，今之人皇皇然追求曙光饥渴等于百里者，不知凡几也。不求而得，未之前闻；求而不得，亦未之前闻。欧洲之文艺复兴，则追求之念最热烈之时代也。追求相续，如波斯荡，光华烂缦，迄今日而未有止。吾国人诚欲求之，则彼之前躅，在在可师已。然则此书者，吾不敢径指为百里所得之曙光，然吾有以窥其求曙光所由之路也。百里自言此书根据法人白黎许氏讲演。此讲演吾实与百里同听受，本书不过取材于彼云尔。至于论断，则皆百里自摅其心得。吾证其为极有价值之作，盖述而有创作之精神者也。

民国九年十二月三十一日

附二：

《清代学术概论》序
蒋百里

　　方震编《欧洲文艺复兴史》既竣，乃征序于新会，而新会之序，量与原书埒，则别为清学概论，而复征序于震。震惟由复古而得解放，由主观之演绎进而为客观之归纳，清学之精神，与欧洲之文艺复兴，实有同调者焉。虽然，物质之进步，迟迟至今日虽当世士夫大声以倡科学，而迄今乃未有成者，何也？

　　且吾于清学发达之历史中亦有数疑问：

　　一、耶稣会挟其科学东来，适当明清之际，其注意尤在君主及上流人，明之后，清之帝皆是也，清祖康熙，尤喜其算，测地量天，浸浸乎用之实地矣。循是以发达，则欧学自能逐渐输入，顾何以康熙以后，截然中辍，仅余天算，以维残垒？

　　二、致用之学，自亭林以迄颜李，当时几成学者风尚。夫致用云者，实际于民生有利之谓也，循是以往，亦物质发达之门，顾何以方向转入于经典考据者，则大盛，而其余独不发达，至高者，勉为附庸而已？

　　三、东原理欲之说震古铄今，此真文艺复兴时代个人享乐之精神也。"遏欲之害，甚于防川"，兹言而在中国，岂非奇创。顾此说独为当时所略视，不惟无赞成者，且并反对之声而不扬，又何故？

　　四、迨至近世，震于船坚炮利，乃设制造局，译西书，送学生，振振乎有发达之势矣。顾今文学之运动，距制造局之创设，后二十余年，何以通西文者，无一人能参加此运动。而变法，维新，立宪，革命之说起则天下翕然从之，夺格致化学之席；而纯正科学，卒不扬？

　　此其原因有原于政治之趋势者，清以异族，入主中夏，致用之学，必遭时忌，故藉朴学以自保，此其一也。康熙末年，诸王相竞，耶稣会党太子，喇吗党雍正（此言夏穗卿先生为我言之），既失败于外，又遭诮于罗马。而传教一事乃竟为西学输入之一障害。此其二也。有原于社会之风尚者，民族富于调和性，故欧洲之复古为冲突的，而清代之复古，虽抨击宋学，而凭圣经以自保，则一变为继承的，而转入于调和，轮廓不明了此科学之大障也。此其三。民族尚谈玄，艺术一途社会上等诸匠人，而谈空说有者，转足以自尊。此其四。今时局机运稍稍变矣，天下方竞言文化事业，而社会之风尚犹有足以为学术之大障者则受外界经济之影响，实利主义兴，多金为上，位尊次之，而对于学者之态度，则含有迂远不适用之意味，而一方则谈玄之风犹未变，民治也社会也与变法维新立宪革命等是一名词耳有以异乎？无以异乎？此则愿当世君子有以力矫之矣。

民国十年正月二日

附三：

德国战败之诸因
蒋百里

一　总说

可胜则战，不可胜则不战。三尺童子识其义，而实行也则虽大智有未能焉。战与不战，政略之事也。胜与不胜，兵略之事也。有可胜而不可战者（如日本时中国山东问题下哀的美敦之时），有可战而不可胜者（如开战时之比利时），故政略与兵略之间，有微妙之联络。此之所谓可战可胜者，即彼之所谓不可胜不可战者也。而彼之可胜可战，即此之不可胜不可战。故敌与我之间，有对抗之作用。胜败不可以预测，和战不可以强求。是故有以不能不战之国家，而处于万不可战之地位，乃不得已侥幸于一战以求成功者，则一九一四年秋德国之形势是也。

所谓不能不战者何也，兵之为物也有极端性，未有不求战而其兵可强者，亦未有兵既强而不求战者。且以军事之优势而立国，一旦迄于彼我之间，强弱之势得其均衡，则后此之危益可知。自兵略言，千九百十四年时，为德计亦一机也，为奥战则同盟固，一也。英疲于内政，而俄、法之军政改革未竣，二也。自此以后，将或并此侥幸之一胜而不可得矣。虽然，此可胜之机，而非可战之机。此不能不胜之消极原因，而非可战之积极原因也。而不能不战之根本，则实由于其国家之状态不自然。

所谓万不可战之地位者何也？则政略上包围之形势已成也。包围之形势孰致之？德人实自致之。而德人自言曰：是原于德之存在与发展也。存在故见忌于法，发展故见忌于英，令有病食伤者，执不食则死之例以自解，而归咎于食物之消化不良，岂通论乎？存在与发展，自然之势也。所贵乎政略者，则人为调剂也。故自致于万不可战之地位，其原因当归于政略之失败。

不能不战而万不可战，此两极端之间必有一进路。而德人则过信其度，求解决于侥幸之一胜。以兵略上一胜之效，而转移政略之形势者，史庸有之。虽然，可幸得不可强求也。所谓不能使敌必可胜也，过信其可胜之度，欲以一时优势之兵略，转移数十年来失败之政略，此不可得之数也。姑勿论马仑之战败焉，纵得巴黎，苟法军之主力得退以自保者，则最后之形势终不可易。而此退以自保之权，则操诸法不操诸德，此则战略之失败也。要之，以政略之失败，而致自陷于进退两难之地位，不思变其政略而思以兵略济政略之穷，则败战之主因在焉。得取上之说而推论之。

二　国家之状态不自然（时时在不能不战之地位）

扩充战备即所以维持平和，此片面之真理，凡以证一国之状态日处于不安之地位是已。十九世纪日耳曼民族之统一运动本有二派：其一派欲依国民之发动而成，其一派欲藉普国之武力而成。自"弗兰格福村"国民大会之失败，而俾斯麦相普，遂战奥败法而德帝国以成。成则成矣，而内外形势皆处于不自然之趋势。法人建国，根本不利东邻之有强国，而亚、洛二州之割，几等于文身之耻，每饭不忘。而欧洲战云，时隐时现，一也。个人自由之伏流其来源极远，以军事建国势必趋于武断。不发于此，则伸于彼。而社会党承产业发达之结果，其勃兴较他国为尤甚，二也。逆其势而镇之，厥维军备，然国民皆兵之秘钥，已公开于世界。子能之，人亦能之。互竞极其度，必有一日能发不能收者，故毛奇有和平无永久之言，而俾斯麦有二重保险之策。凡自知其国步之艰难，不能不苦心以求自济也。

此种不自然之形势，乃随国家强盛之状而益增其度。其在外，则德、法之世仇，而重以德、英之冲突，而三国协商日进于成。其在内，则政治之自由，加以贫富之阶级，而社会主义日趋于盛，扩充军备一之不已，至于再，至于三，凡以求平和及以求战也。夫一国而至于求战以自保，此可暂不可久之势，必有一日至于败者也。维廉二世之失败，特速其时耳。以包围启败战之端，以革命结败战之局，莫或致之，若或使之，呜呼！谓维廉一世即位之日，即伏五十年后败战之基，固属过言，而原始要终，于政略之由来，固不能不就其建国之本源一下深沉之观察也。质而言之，不能不战者，德国国家之历史性使然也。

三　政略上之失败（自陷于不可战）

凡俾斯麦之所谓同盟条约者，中间无不有战之一义，盖以求于国际间自立于可战之地位也。惟我可战则人不可战，和战之主动在我，而和平可得，此则政略兵略间之微妙作用也。自威廉二世，而此间之作用失。当普之初盛，奥忌之，法诅欲之？同一不欲也。而使之发不同时，此外交之成功。自威廉二世，而是中之要领亦失，于是法之复仇，俄之南下，英之海外政策，三者汇于一流，包围之势成，而和战根本之主动不复在德手矣。请言英、德军阀视英、德之冲突，一若既定之运命不可逃者然。以为纵无南阿之争，纵无摩洛哥之干涉，海军即不扩张，比之中立即不侵犯，苟德之商工业一日存在，则英必有一日参战，果也必有一日也。拿破仑之世，必有一日与普战也，而究何当于奥之败、普之兴也？请言俄，俄、德之交败于奥。然战事之证明，则知联奥之得，不足以补拒俄之失。夫奥之为国，不适于民族国家之大势，援奥则逆势而从井救人也。俄之南下，非英之利，拒俄则何为者也？是则三十年来左周右旋，以自陷于万不可战之地位者，德人自取之也。

四　兵略上之失败

兵略上失败之原因，则过信其度之失，到处发见。马仑役之前，法军之退也，其目的在自全而待机。自由退，非败退也。而贸然减西力以东援，且大胆绕巴黎要塞之前，遂遭败战。其过信一也。凡尔登之役，竭其所有人员材料以攻坚，自以为可胜，则狃于盎威斯要塞之易下也，牺牲数十万，而卒为法人所龀。于兵略上且无丝毫影响，遑论政略？其过信二也。最后之攻击，及五次之多，倾其东力以西，亦自以为必胜。胜诚胜矣，略地多而卒无补于大势，又粘守其线，不肯速退，遂为人所攻，至一退而不可复支。其过信三也。且惟其过信也，故动作反变为不彻底，开战之初，壮丁之未受教育者百万之多，国民皆兵之义云何？一也。东普要塞之不坚，急则救之，而忘菲烈德牺牲柏林之坚忍，以致西方之失败，二也。瓦萨之役，俄军几不能退，而苟安于正面攻击，三也。罗马尼亚既亡，不乘时以定希腊，逗留国境，以致布加利亚之脱盟，四也。乃至过信飞船长炮可以胁巴黎、伦敦，过信潜艇作战，而引入美人之参战，则尤众目所共见者矣。

五　结论（军阀之祸）

吾今综其败战之诸因而为抽象之结论，则有一义焉，曰：军阀之为政，以刚强自喜，而结果也必陷于优柔而自亡。外强而中干，上刚而下柔，是其征也。"将来之在海上也"，"力即真理也"，德帝所以惊世之言也。夫其声洪者，其中空也。世界之日醒，而自己被动之运命定，故凡今日军阀所自辩其不得已者，皆足以自证其强之失也。俾斯麦性格刚毅之人也，不能容而去之太早；兴登堡亦性格刚毅之人也，不能容而用之太迟。奉令承教之人多，所谓才者则局部之人物，能见其小不能见其大，能见其一部不能见其全体。夫英之初战，八万人耳。自德军人视之，诚不足道，而不知卒以自疲也。故军阀派以军事上种种不彻底之处置为败战之源，而不知此不彻底之根本实原于自身之阙点。夫必众皆强而己始能强，然众之强有时适足为己之弱者，此古之英雄所以终于失败者多也。

附四：

从中国历史解释国防经济学的基本原则[①]
蒋百里

国家士气消沉到如此地位，要不指出真正一条路线，一件法宝，谁还能取得一种自信力。唯心耶？东方文化耶？禅家的心性，宋儒的理气，移植于东邻以养成所谓武士道，而出产地之中国则无役不失败；唯物耶？西方文化耶？瓦德之机器，爱迪生之电气，在他人以之殖国富，扬国威，以建设所谓资本主义，五十年前之日本亦一半殖民地耳，而较日本输入西洋文化更早之中国，则农村宣告破产，工厂要求救济。人之无良，百药罔效耶？果尔则华族一名词，早应消灭于数百年以前，而何以时至今日犹有此一大群众生息于大陆？我们且检讨过去，找出华族的真实本领是什么？

我于民族之兴衰，自世界有史以来以迄今日，发现一根本原则，曰"生活条件与战斗条件一致则强，相离则弱，相反则亡"。生活与战斗本是一件东西从两方面看，但依经济及战斗的状态之演进，时时有分离之趋势。希腊、罗马虽在欧洲取得文化先进美名，但今日继承希腊罗马文化的却并不是当年的希腊人、罗马人，具有伟大的文化而卒至衰亡的总原因，就是生活工具与战斗工具的不一致。

生活条件与战斗条件之一致，有因天然的工具而不自觉的成功者，有史以来只有二种，一为蒙古人的马，一为欧洲人的船。因觅水草就利用马，因为营商业就运用船，马与船就是吃饭家伙，同时也就是打仗的家伙，因此就两度征服世界。有费尽心血用人为制度而成功者，也有两种，一为欧战时才发明，十年来才实行，西人的国家动员。一为中国三千年前已经实施的井田封建，他的真精神就是生活条件与战斗条件之

[①] 标题为编者所加。

一致。

封建不是部落割据（近人指割据部落思想为封建思想者，系用名词的误谬），是打破部落割据的一种工具，"封"就是殖民，"建"就是生活（经济）战斗（国防）一致的建设，"井田"不是讲均产（在当时也不是一件奇事），是一种又可种田吃饭、又可出兵打仗（在当时就是全国总动员）的国防制度。懂得这个道理的创制的是周公，继承的是管仲，（《左传》："齐之境内，尽东其亩"，就可证明田制与军制国防之关系。）最后成功的是商鞅。井田制到商鞅已是八百多年，一定是同现在的鱼鳞册一样，所以开阡陌正是恢复井田。这是我发现出来的华族的真本领，诸公若能系统的叙述，出来使青年感觉到我华族固有的本领之伟大，从前可以统一亚洲大陆，将来何尝不可以统一世界，或许于现代销沉的士气有点补救。

但是要实行此种一出两便的制度，必须有一个先决条件，就是要实际与理论绝对的一致之人才。《左传》，到现在还是世界上最好的一部模范战史，他叙述城濮之战时说，"晋文公作三军，谋元帅。曰郤氏可，说礼乐而敦诗书"。像现在的想象，礼、乐、诗、书到底是不是做元帅的唯一条件？其实当时的一群贵族，没有一个没有部属的，也没有一个不会打仗的，从这许多武士中间，寻出一位说礼乐敦诗书的人来当元帅，这自然是正当。因为那时贵族的教育，是礼、乐、射、御、书、数，件件都是人生实用的东西。

陶希圣先生在游侠研究里，指出了两种不同的团体，我见了欢喜的了不得，这是历史上的大发明。

而我以为就是这一点是三千年来民族衰败的致命伤，项羽的士族团体既失败，而韩信死，张良逃，萧何辱，自此以后活动分子与知识分子不绝的暗斗（莽操之篡与历代的文字狱），知识分子之内又每形成两派自相残杀（历代的党争），一民族中的最重要的细胞，始终在暗斗的状态下，因此养成了知识阶级的两件不可救药的痼疾。一、就是不负责任。（读书人的最高理想是宰相不是皇帝。）二、就是不切事实。（自礼、乐、射、御、书、数的六艺而改为《诗》、《书》、《礼》、《乐》、《易象》、《春秋》的六本书，是一大关键。）譬如酿酒，酵素坏了，譬如爆药，雷管湿了，举天下之良法美意无上妙品，一一须经过这一道腐败幽门，而后能入于中国社会。百药罔效之总因，岂非在此？

历史上也曾发见几次沉痛的呼声，如清初顾亭林之提倡朴学，就是对于不切事实的反抗，但这种运动因为活动分子与知识分子暗斗之结果，事实派的颜元、李刚主终归失败，而一变成为考据，考据派的精神果然是科学的，但实际上还是几句死话。太平天国时代胡文忠的包揽把持，曾文正的《挺经》第一章，就是对于不负责任的反抗，但仅仅能做到一部分的成功，而从暗斗出身之李鸿章，仍为这不负责任不切事实的大潮流所打倒，以演成今日刻骨伤心的外交局面。

活动分子即主权阶级的性格，就是根本与知识分子相反，他的长处：（1）是肯负责任，但是容易流为武断，（2）能切事实，但是容易流为投机，武断则不能集众人之长，投机则不能定久长之计，这两件事于近代式国家发展是不相宜的。

知识分子道德上也有他的特长：（1）他能自持廉洁，（2）能爱护后进。惟其自持廉洁，对于物质的欲望较淡，精神上有自己娱乐之处，所以当君国危难的时候，牺牲区区生命，不算一回事。历代殉国诸人的真精神，我以为根据于此而来的。惟其爱护后进，故传授学徒，著书立说，使几千年的历史有继续不断的成绩。王夫之、顾亭林于国亡家破之后，犹拼命著书，所谓"百世以俟圣人而不惑"，养成了华族悠长的气概。

汉高祖自己说，"我所以得天下之故，有三不如"，这是三千年历史上成败之标准，就是主权阶级（即活动分子）与知识分子合作，则其事业成，不合作则其事业败，所以中国治世时代，必以圣君贤相并称，乃至做坏事，也必须土豪劣绅互相勾结，这中间出身于知识阶级而肯负责任能切事实的人，只有诸葛亮、王安石、张江陵（张居正）、曾国藩诸人，在三千年中占极少数。

秦汉以后，政权武力知识分裂了（从前集中于贵族阶级），所以政治上有不断的竞争，而华族就渐趋于衰弱，但是我华族在这种压迫之下（竭力奋斗继续了三千年），还做一件惊人的大事，就是对于物的工作，就其奋斗的精神言，似乎蒸气（汽）机关的发明，未必算这么一回大事，从造纸、印刷、陶瓷、漆、建筑、雕刻乃至水车、机织，件件有独到的发明，不过为知识阶级所瞧不起，故不能有文字的记载，而学术的积聚性不能发扬罢了。

近五十年来，社会受环境之影响，发生了大变化，但其政治的演进可以分作几步说，第一步是知识与武力的合作（一、知识分子投身为军人，二、军人入学取得知识，三、社会中知识分子与活动分子的合作），这中间的聚散成败，有事实的证明，不必详述；第二步，当然是政权、武力、知识的一致，但应当切实注意者，就是知识分子还是不能切实的统制物质，所以民族的生活上根本发生了问题，而其所以不能统制物质的原因，也仍是因不负责任不切事实的两大弱点而来。

从顾颜的朴学精神，曾胡的负责态度，或许可以在酵素、电管中，加入一点新生命罢。但是新式的社会，更有一样要素名曰"组织"的，这组织两字的意义，就是说一件事，不是一个人，一个机关负责任，而是各最小单位（个人）各负各的特别责任，而运用上得到一种互助的成功，这就是新经济的要点，也就是国防的元素。我们还有一句俗话"行行生意出状元"，这是中产阶级的反抗呼声，也就是将来物质建设的基础。我们现在可以说有强兵而国不富者矣，未有富国而兵不强者也。

说一句牢骚的话，商店的学生，工匠的艺徒，要是夜间能读上一点钟的书（就是在实际的事物中过生活的人而能习取知识），恐怕倒可以负起复兴民族的责任,而每天坐汽车包车,在中大学上六时以上的功课的,恐怕将来只能做学理上的教授罢了。

民国二十三年五月稿

第四章　在南北军阀混战局面中

方觊功能济国艰，岂知讣报发宜山！论兵迈古开中外，揽辔澄清志羽纶。天下英才犹待育，云霄立鹤早间关。腥膻遍地迷无路，渺渺征魂可易还。

忍将老泪哭齐年，童稚情亲倍黯然。岂仅文章垂后世，更无谈笑获随肩。攘夷方急中原日，斋志长悲欲晓天。伯道乏儿苏武妇，我来何处吊新阡。

松坡早谢韵松亡，黯黯同侪欲息铓。驱狄方期峰井伯，挥戈忽丧鲁灵光。才闻汉节旋殊域，遽报箕星陨鬼方。寂寞宜州山下月，只应黄九与参行。

龚生虽夭却成仁，殉国亡躯志已伸。还忆伤心严谴日，翻成尽瘁鞠躬身！青灯往昔几年少，白发而今一故人。从此逢秋倍增感，重阳风雨菊花晨。

——高子白：《哭百里同学》

一九一一年以后的南北军阀混战局面，要用几句简括的话来叙写清楚是不容易的。南北的对立，一直那么僵持下去，在上海举行的南北和会，并没什么结果。而北与北的内部冲突，也一直持续着。不仅此也，皖、直、奉的忽联忽离，以及直内部的保洛异趋，爆出许多离奇场面。而孙中山与陈炯明的内部矛盾，以及粤桂滇川之间的乍离乍合，又是混乱的局面。百里先生带着一颗求统一的热心周旋于群雄之间，他处境当然不会很愉快的。

冯玉祥驻军南苑时，曾经邀百里到军中去作连续讲演，可是，一九一三年六月十三日，冯军对黎元洪的迫宫，又使他十分失望了。他曾对张之江说："总统的好不好是另一问题，总之，应求政治解决，军人不应该有这样的动作！"研究系那些政人，一直依附着军人来做政治活动，而军人政治一直不会依从宪法。这样的苦果，他们不断吃到了。一九一四年九月十七日，吴佩孚应召北上，到北京主持讨奉的军事，他在四照堂点将，威风八面，固一世之雄也。他曾商请百里主持军务，因为百里曾在东北多年，对关外情势比较熟悉，可以胜任愉快的。百里却痛心于翻云覆雨的政潮，婉言谢绝了。吴氏又想请百里指挥两师直军到湖南去防止湘军的北伐，其意因为湘军首领赵恒惕是百里的同学，唐生智又是百里的入室弟子，百里指挥直军，便可以安湖南人的疑虑，也由于百里不愿投入漩涡而谢绝了。

当时，吴氏自以为打东北具有充分的把握，哪知由于冯玉祥的抽后腿，北京的局面大变，吴佩孚的雄图也就破灭了。百里有着旧时代士大夫的道义观念，在吴氏失意时，辗转到了秦皇岛，访问这位受挫的将军。他才明白旧时代的军人，一直自信力这么强，大势已去，还以为冯的回师，只是延长了他的作战期限，对最后胜利是绝对有把握而不会有多大影响的。他看明白吴氏的不识时务，便移家到上海去，住在慕尔鸣路。他自己到杭州去拜访孙传芳，那是他在士官的同学。这是直系的另一势力，百里心中原有团结直系这两势力的打算，一方面也是他想缩合南北的伏线。至于冯玉祥的国民军和奉军发生冲突，孙传芳乘机讨奉，而吴佩孚乘鄂督萧耀南的病逝，在汉口另开局面，以十四省讨贼联军总司令自居，直系之中的离合，又打碎了百里的计划了。

在军阀的相互争夺的演变中，研究系文士也曾提出了联省自治的理想。（这一种政治理论的探讨，曾见于民初的《甲寅杂志》、《裁兵与国防》等专论。）当时，推行联省自治制宪的实行地区，正在苦于南北之战的湖南，谭延闿也是领导人之一。湖南省政府在岳麓山举行名流演讲会，随即制定湖南省宪，百里都曾身与其列。[①]同时，浙江的制宪工作，百里也曾参与着。（那还是卢永祥督浙时期。）这些工作也只是昙花一现，无疾而终的。我记得当年梁启超曾手写集陶诗一联赠百里，句云："相期各努力，别后辄相思。"也可说是研究系那一群朋友的心怀。（孙中山是主张中央集权，反对联省自治的。陈炯明倒是赞成联治，这其间，就有各人的自己打算。）

那一时期，蒋太夫人逝世了！吊丧使者，有各方面的代表，有一位和百里一同北上的湖南代表龚浩。车过徐州，正当黎明，百里忽对他说："将来中国和日本作战，津浦、平汉两线一定会被人攻陷的，现代中国国防只能以洛阳、襄阳、衡阳为根据地了！"在军阀混乱时期，他会预想到中日的战争，在那时确乎使这位湖南学生听了大为惊异的。

在孙传芳的幕后

百里先生，看明白了吴佩孚的牛性，知道在汉口没有回旋余地，便回到了上海。那时，丁文江任上海市长，陈陶遗任江苏省长，陈仪又驻防在

[①] 1921年1月，湖南成立"湖南自治根本法起草委员会"，蒋百里以学者名流身份在开幕式上作《论军事与联省自治》演说，并参与起草《湖南省宪法草案》。省宪中规定的义务民兵制，即为百里的建议，对湖南裁兵问题有相当的贡献。并曾撰《五十年来的湘军》一文，对湘军抱以很大期望。

徐州，他以为他们仍可左右孙传芳的意向。孙氏曾对陈仪保证不对广州作战，还曾派周赤忱到广州去（周氏系百里士官同学），其后陈仪到了南京，孙氏又告诉他，已加派陈其采到广州去了（时陈其采任杭州中国银行副总经理）。后来，百里知道孙氏变了卦，又到密室去规劝他，孙用很坚决的话对他说："我是不想打，你们不要不相信我。"陈仪说："既说不打，怎么会动员卢香亭第二师开到九江去呢？"孙却说："这就是不打的用心。目前，江西防务空虚，难保对方不乘虚而入。我方必须增强实力，才可以避免双方的冲突。你徐州的兵，我一个也不动，你放心回去好了。"陈回到徐州，看见了铜鼓、修水双方接触的消息，又电询孙氏。孙氏回电请陈派人和革命军去接洽。陈氏推荐他的参谋长葛敬恩和参谋徐培根。等到他们从南京西上，吴佩孚已完全失败。蒋介石在江西主持军事，他们都不曾碰到面，而江西战事已发生了。

我们且看丁文江所透露的文献：丁氏之参加孙传芳团体，是有一个小组织：陈陶遗、陈仪、丁文江、蒋百里和刘厚生。然而一参加到里边，知道事情不如此简单。孙传芳要做的事，大者并不与他们商量。孙在军人中，很有才，很爱名誉，很想把事情办好，只是有一个根本的缺陷，就是近代知识太缺乏了。等到孙传芳与北伐军可和可战的时候到了，孙氏并不和他们商量了才（就）决定自己的态度。等到武穴紧张时，丁文江觉得非与孙氏彻底一谈不可了，他便去陈说一番。孙氏说："我本来也这样想过，不过请你们看这一个电报。"这个电报是孙氏的在武穴的前敌总指挥打来的，大意说：现在听说联帅有与赤军（指北伐军）妥协的谣言，消息传来，军心不振。"赤军"皆南人，我辈皆北人，北人受制于南人，必无好日子过，且必为南人所弄。迫不得已，只有北人大联合云云。孙氏把电报给他们看了，便说道："我不能不同张家（指作霖、宗昌）妥协。不然，我站不住。"丁氏说："与二张妥协，政治上站不住。"孙氏说："那就管不得这许多了。"

又据刘厚生先生的追记：当孙传芳秘密去天津求救于张作霖，给陈陶遗首先知道，便派人到上海去，叫刘厚生到南京去劝说孙传芳。因为刘氏没曾做孙手下的官，还有说话的余地。刘氏拉了丁文江同车往南京。由陈陶遗和孙氏说好了，他们便同去见他。刘氏先问："孙帅到天津，见到张作霖了吗？"孙说："我一到天津，就见了大元帅，大元帅见了我，很高兴，开口就说：'老弟，你来了好极了！以前咱们的事撂在一边，永远不提。以后，咱们是一家人了，有难同当，有福同享。我已打电报叫效坤（张宗昌）来天津，大家商量办法。'"刘氏便轻轻的问孙氏："看见了杨宇霆没有？"这句话直刺了孙的心，他只说："那小子！"以下就没有声音了。那之后，就是刘氏的说话。刘氏说了几种江苏人的愿望，他为孙氏设想，本为驱逐奉军而来，结果反迎请奉军来江苏，岂不是"为德不卒"，前后两歧？孙氏听了，约有两三分钟不说话。忽然开口问刘氏有什么意见。刘氏说到孙氏本是应江苏人的请求而来，胜败兵家常事，苏人决不怨他。但是江苏老百姓决不愿再受胡子兵的骚扰了，请他再考虑考虑。孙氏听了他的话。很坚决地回答道："刘先生所谈，不能说是没有道理。但是我孙传芳脾气不好，我宁可啃窝窝头，不愿吃大米饭。我与国民党是不能合作的。我可以告诉刘先生，蒋介石曾派张群来找过我两次，我已拒绝他了。我对不起刘先生，也对不起江苏人，我抱歉得很！"孙传芳的暮境，就是这么的。

注：丁文江，地质学家，曾任上海市长。陈陶遗，同盟会会员，曾以参加革命被端方所捕，破格获赦，故改名"陶遗"。刘厚生，实业家，张季直的左右手。他们都是江苏人。百里和陈仪，都是浙江人。

不如意事常八九

我和百里先生相识时，很年轻，不懂事，他是我的父师之辈，一半是尊敬，不敢以小人之心来度他。后来，看看他生前的文献以及他的朋友们，如陈陶遗、丁文江的文献，还有前几年逝世的冷御秋先生的闲谈，才知道百里在那一段时期，自有他们的如意算盘的。他们这一群，把传芳从杭州捧到了南京，逐出了奉系的军队，成为五省联军总司令。孙氏原想请百里做总参谋长，他辞了不做。孙氏又准备请他做江苏省长或上海市长，他推荐了陈陶遗做江苏省长，丁文江做了上海市长。陈仪第一师驻防徐州，在东南这一角上，已经有了布置。而百里自己，又和夫人左梅化装到了汉口，就吴佩孚的十四省讨贼联军司令的总参谋长职务。他的心头，显然是想把直系两大势力联络起来，共同对付关外的张。不仅此也，和他密切相关的唐生智，正在用湘军力量和广东国民革命军相呼应。他就想通过唐生智的关系，让吴佩孚和蒋介石来携手，结合了孙、吴、蒋、集团来对付奉张。哪知吴佩孚的想法和他绝不相同，他所说的"讨贼"的"贼"，乃是无定向风。他认为奉张可以打倒，广州的革命军，也可以打倒，而目前最使吴切齿的，乃是冯玉祥的国民军。他的决策则是联张以讨冯，这就和百里的想法完全相反了。当百里从上海西行时，已经派刘文岛到了广州，和国民党方有所联络，哪知，吴佩孚的本意乃是联张讨冯以后，正准备回师来迎战北伐军的；又和百里的预想南辕北辙了。他到汉口以后，才知道吴佩孚的英雄之梦，旧军人的习气，蔑视时代环境而欲统一天下的豪情，都是不可救药的。

最有趣的讽刺，是他在汉口联军统帅司令部，居了总参谋长的名义。（吴和张的联络，却由张宗昌居间，并不让百里知情的。）而孙传芳也以联军总参谋长的职位等待他，一面，蒋介石正在兴师北伐，也对刘文岛说，请百里先生来担任总参谋长的职务。百里听了莞尔微笑："我是生来只能做幕僚长的命吧！"

在吴大帅的那边，蒋百里是尊而不亲的，见面时，吴氏总尊之为"先生"。有一天，吴大帅做生日（三月初七），大帅夫人张佩兰邀了一些夫人打牌暖寿，左梅也在座。左梅因为不惯这种官场应酬，事前向大帅夫人告罪，说大寿正日，她不能来，因为她没有礼服，而且不惯于应酬。吴夫人却派靳云鹗夫人专诚邀请，她以盛情难却，百里又从旁鼓动了她，才勉强与宴。那天华堂盛会，夫人们都是珠光宝气，备极豪华，只有左梅朴素无华，泰然相处。有一位次长夫人问她："蒋嫂子，你的先生做什么官的？"左梅说："没做什么官。"那夫人讶然道："不做官怎么过日子的？"左梅只是笑笑。别人告诉那位夫人，蒋百里乃是当代的诸葛亮。她回家问了自己的丈夫，才明白在刘备眼前，诸葛亮是比关云长、张飞都尊而且亲，亲而且信些。其实，吴佩孚并不是刘玄德，而蒋百里的时代，也已不是诸葛亮的时代了。

吴寿那天，靳云鹗夫人被安排在一个很不适当的席位上，或许张佩兰以为熟托，不会使她不快意的。谁知靳云鹗和吴佩孚的分手，就在这一天种了根。百里看明白了吴佩孚的主意，他就托辞和左梅东归上海。百里留书推荐他的好友唐天如做吴大帅的秘书副处长。百里一去，唐也转到香港做隐士去了。"夕阳无限好"，吴大帅的末运，也就在汉口注定了。他的大轴戏，乃是南口之战，打垮了冯玉祥，而汀泗桥之战，却被北伐军所打垮。

附：

蒋母杨太夫人墓志铭
梁启超

海宁蒋方震丧母既虞，衔哀述先德。且寓书启超曰："忆昔国难，同伏香港舟中。先生作家书，方震涕不敢侍，窃避以号。今几何时，而方震亦为无父母人也。方震微先生无与归。吾母微先生亦莫能传。知在矜爱，敢乞铭诔。"呜呼！方震书所述者，丙辰四月事。启超方以讨袁世凯在军中，吾父二月弃养。遗言勿许召启超，启超不自省其通天之罪。间数日，辄以书起居吾父，谓父健在，念游子之方而已。方震时方左右我，观而哀之。今方震亦以奔丧归，触前事而增痛也。启超与方震交逾二十年，居同学，出同游，天下事则同患难，以故知其行谊及其家世最稔。今兹衔恤，疚戚亦同。启超虽不文，于兹铭则义焉得辞。谨按太夫人海盐氏，实龟山先生之裔，二十四传而至笛舟先生，以绩学闻，即太夫人父。太夫人生而孤，无昆弟，茕独依母居。七岁，遭洪杨乱，困横转徙，数年始定，而母旋没。太夫人年十三耳，又越十有二年，始嫔于蒋。蒋故浙西名族，方震之王父讳光煦，字生沐，以善校勘，能文章，为道咸间学者宗，所称东湖先生也。东湖有子八人，其某讳学烺，字泽久，则方震父，东湖诸子，皆儒冠袭家业。泽久先生独以先天有肢体疾，弗与。以启超所闻于其里中长老，则其童幼时所历，颇与后稷隘巷平林事相类。故蚤失学而三十始娶。然性绝聪异，卒能以医学起其家云。太夫人之来归在乱后，家已中落，别下斋鞠为茂草，藏书荡然矣。归一年而举方震，又十三年，太夫人年三十有九。而泽久先生没。方震无同怀兄弟姊妹，与太夫人同也。方震语启超曰："吾母自堕地以迄盖棺，其所历殆非恒人所克堪。髫年避乱，尝饿走一日夜，从乡人乞菜粥，哺外王母，侍外王母疾；风雪夜，涤中衣，腕际龟裂，泪渍之，倍痛焉。杨氏世传能截竹为衣，竹似珠，善辟暑，母精其艺，因得自力于衣食。犹且以其间读书史，晓畅义理。自方震始学语，唐诗、孝经及朱子小学，皆母授也。父故羸，尝以肝疾损目，不能视者积年。母布衣木簪，拮据内外，尝曰：'昔人所教，勤俭持岁，若井臼缝纫之劳勤，米盐布帛之撙节，易为耳。若乃无米之炊，量出以计入，斯真难。而于其间侍病人，令其心气和平，教幼儿，令其神志发越，则尤难。'"呜呼！此太夫人良道甘苦之言。而古圣贤豪杰终身在忧患中，犹能出其学以格君而泽民者，又岂有他道哉。太夫人之善教，盖其天性。方震以独子，相依茹荼蘖，而所以督教之者未尝稍宽假。有过必痛责，责己则丁宁引喻。发其真悔，往往平子相峙而泣。方震弱冠蹀踔，将游学海外，顾恋母不忍去，太夫人曰："行矣！吾不以流俗人望汝，亦不以流俗人自待。汝夙孤露，能奋自树立，乃所以为孝也。"方震学成，服公职，稍有所入，以奉母。母则出之以创振坤女学，而躬自董理之。硖石之有女学，自太夫人始也。方震学问文章，世之贤达多能知之，其他日事业所就，盖未可测。视时会何职耳，顾启超久与游。独深敬其天性过人，盖尝间关数千里，两度急其友蔡锷、戴戡之难。既不可救，归时则与启超相对作孺子泣。又制行绝介，位至将军，而馆粥恒不继，曾不屑有所攀援，亦未尝戚戚。虽饥不忘天下，嘻！是皆秉太夫人之遗传及其身教，以克有是也。太夫人生清咸丰五年乙卯正月十三日，卒民国十二年癸亥三月十四日。得年六十有九，以某某年某月某某日葬于某某之原，宜铭。铭曰：墨氏教任，损己而益所为，斯道久绝于士大夫，而匹妇能蹈之，其将成教于厥子，以起一世之衰，后之续人鉴者视此辞。

第五章　从混战到混战

> 白头离乱聚南荒，三日分襟各慨慷；
> 磨蝎半生悲往命，黄花晚节盼奇香。
> 宵深病急难求药，地僻医迟未处方；
> 如此人才如此死，旅魂悽绝鹤山傍。
>
> ——张宗祥挽百里

在这儿要想在短短篇幅中，交待一九二七年——三〇年间，国内错综复杂的军事政治局面，也是不容易的；但列传的体例，只许用很少的篇幅来写时代背景的。（假使读者看了不十分明白，只好请看我的《现代中国通鉴》了。）

袁世凯死后，由于北洋派内部分裂所造成的地方割据与混战局面，使国人失望极了。一九二七年的大革命，大家以为北伐军扫荡了北洋派军阀，把国民政府从广州搬到了南京，国内统一可期了。哪知前一混战局面刚结束，而以蒋介石为轴心的混战局面又开场。且不说国共分裂后的"革命"，完全变了质，"宁汉分裂"、"宁汉合作"云云，只是蒋（介石）汪（精卫）胡（汉民）孙（科）的政治纵横捭阖所造成的党内纠纷而已。当时的实力派，在北有阎锡山、冯玉祥和张学良，在南有粤、桂、川、湘和蒋的嫡系部队。彼此之间，时而联合，时而矛盾，时而冲突。即如李宗仁、白崇禧的部队，联蒋作战的机会不少，而联合其它军队，来反蒋的，也一见不一见。其间湘军第八军主将唐生智，也在联蒋与反蒋的幻变场面中出现。唐氏乃是百里先生的入室弟子，这就影响到百里在一九二七以后的命运了。

宁汉分裂，蒋介石下野那一段时期，可说是唐生智的全盛时期。他的部属，如李品仙、刘兴、何键、叶琪、周斓等军，在湘军中露了头角，他们都是保定军校第一期学生，也就让百里执定了鹅毛扇。（当苏联军事顾问加伦将军回国后，在武汉的国民政府，原定以百里任军事委员兼革命军总顾问的。）蒋介石到了南京，也曾和百里先生深谈了几回，要他到日本去，与日本朝野人士有所商谈疏解。又要他到德国进行聘请军事顾问，都以病不曾成行。（改派陈仪赴德。）龙潭战后，孙传芳一蹶不振。在宁汉合作的新局势下，蒋介石回到了南京；百里原想派李小川往汉口，助唐生智训练军队，其意本想在蒋唐之间，达成桥梁作用。[小川对此议颇表怀疑，他说："孟潇（唐字）加入革命军最迟，而他的队伍扩充得最快。武汉乃四战之地，非可守之地。皎皎者易缺，他的处境很危险的。"] 不料桂唐之间有了矛盾，桂系的讨唐军西行，唐生智通电下野，也到日本养病去了。

唐生智失败于武汉，他所部的李品仙、叶琪、廖磊三个军都转到桂系去了。（这三个军长，都是广西人。）而一九二九年，蒋桂的矛盾中，唐生智再起，唐山所驻桂军，师长以下以及士兵都是湖南人，一夕之间，转变了枪口，桂系倒下来了，唐氏又抬头了。五路总部在北平顺承王府指挥大军，唐氏迎百里夫妇到了北平，仍住锡拉胡同旧居，可以说是保定军系全盛时期。

一九二九年的混战，有讨桂之役，又有讨张（发奎）之役，又有讨新桂系（俞作柏、李明瑞）之役，最后的大轴戏，乃是讨冯玉祥、阎锡山之役。正当如火如荼的局面中，唐生智在洛阳屯兵不进，领衔和许多将领电劝蒋介石下野。恰逢漫天大雪，唐赶不到武汉，为杨虎臣部所袭。唐间关遁走，全军又完全失败了。这一来，处于蒋、唐之间的百里先生，便被蒋所拘囚了。

本来，蒋介石邀请百里入政府，百里自请出使瑞士，已经有了成局（被那时外交部长王正廷所延搁），唐生智的反蒋与失败，便苦了百里先生。那时，国民党当了权，研究系领袖梁启超，卧病北平，生活黯淡，到了一九二九年冬天，梁氏也病逝北平了。

东不如西之"西"

那几年，唐生智的军事生命，大起大落；到了第二次反蒋行动失败了，百里先生，不仅做了保人，连带负责；还因为在上海国富门路住宅中搜出了无线电台，在残稿中发现了百里手迹，有"东不如西"之句，犯了同谋的嫌疑。（本来，唐生智在洛阳屯兵不进时，邵力子先生曾奉蒋氏之命，要百里劝唐生智来南京，改任军政部长之职，事实上，等于削除唐氏的军权。）

不过，那电文中所谓"东不如西"的"西"字，和蒋介石所推测的，绝不相同。那儿，另有一段故事可说：且说，清代文武大员中，湖南人很多，而左宗棠其人，他平定新疆后，以陕甘总督入阁拜相，煊赫一时。那年左宗棠七十大寿，有人送了一副寿联："南极寿星，北门锁钥。西方活佛，东阁梅花。"这一联句，传诵一时。那位唐生智以第五路军统帅驻防北平，恰好唐父六十大寿，百里也就送了"北方大将，西域奇才"的寿联。这联句包含百里先生的抱负。左是湖南人，唐也是湖南人，他希望唐生智到西北开辟天地去。

这话并不是百里先生一时的感兴，而是深思熟虑后的打算。他那几年一直在想：过去十几年的内战，政治局面有如走马灯式转来转去。民生益苦，国势益弱，这总不是办法。他又看到在内战中转来转去的武将，总是昙花一现，爬得高，跌得重；命运比较好一点的，只有处偏僻地区的张作霖（东北）、唐继尧（西南）、杨增新（西北）、阎锡山（山西）那几个将领，政治寿命长一点。他替唐生智着想，既已失败了一次，不容再失败了。他想，与其逐鹿中原，不如到西北极边，另开局面。而一九一八年七月间，新疆所发生的政变，虽是谜一样的，却勾起了百里的梦想。

那场谜样的政变主角，乃是百里的朋友樊耀南，一个有野心的萨斯洛迭①（Ceeil Rhodes）。这位朋友，他是湖北沔阳人，他和新疆主政的杨增新，并没有什么渊源，只是他有这样的梦想，要西渡玉门关，建立他的新疆王国。他在北京时，还对他的同乡说过："等我做了新疆王，请你到哈密来吃西瓜。"（那时，南方的人，把新疆当作极边充军的去处，谁肯万里投荒呢？）这一当作笑话的传说，却引起了百里先生的注意，觉得这位年轻朋友，倒是其志不在小而且极有意义的。

后来这位年轻湖北人，不知去向了，谁也不会注意他。过了两年，他的姓名，忽然在北洋政府的命令出现了，他已是迪化（即新疆）道尹了。原来他真的从北京到新疆去，在兵营中做录事（书记）开始，一步步往上爬，慢慢成为杨增新（督办）的亲信（杨是云南人），爬到了迪化道尹，已经是红人了。后来，到了民国初年，他已经是政务厅长兼军务厅长，还兼了俄文学堂的监督，大权在握，成为杨督办的股肱之臣。

---

① 应译为"萨洛迭斯"。——曹雷注

这位野心家所导演新疆政变，乃是勾结了另一杨氏左右金树仁，趁俄文学堂行毕业礼，请杨督办到校训话。就在训话时，用乱枪把他打死了。就在那时，他带卫士到督署去做梦想已久的新疆王，谁知，他一进督署，又被金树仁的伏兵，用乱枪打死了。这位野心家的结局便是如此。这一政变，引起了百里先生的凝视，他觉得樊耀南的用心是不错的，可是力不够，便成了泡影了。他相信唐生智可以填补西北这一空缺，足以有为的。所以，他在电文中说"东不如西"。唐生智如依他的话，出了潼关，出了玉门关，进入迪化做起新疆王来，那就不会有盛世才那一幕了。

囚居生活

一九三〇年元旦，百里先生情绪很坏，天天喝酒，性子很暴躁。那天，刘文岛（他的保定军校学生）婉言劝他到外国去，还说可以筹措五万元路费，当然受了当局的暗示的。百里是书生脾气，执拗得很，说他自己没有钱，也不要别人的钱，他决不出国去。接着，南京的特务，便公开在他的寓所往来。因此，张群（上海市长）劝他离开上海，到杭州去休养一些日子。百里便先回硖石住了一晚，第二天就到了杭州。那时，浙江省政府替他在湖中杨庄准备住所，这是他的囚居生活的开始。一个下级军官带着一排兵在监视他，表面上一切都很优待：一个厨子，一只小艇，供应他们的饮食，仿佛隐士一般。

湖上闲居那些日子，和外间几乎隔绝了，只有他的侄儿蒋慰堂曾从北平赶到杭州来看他。一看情形，要劝慰也无从说起。他抄了一首对联给百里看："能受天磨真铁汉，不遭人忌是庸才。"百里只是笑了一笑。

南京方面，是决定把百里移到南京去的，那小军官奉命执行的前一晚，却备了酒菜请了百里一顿，言说之间，那军官却劝百里趁昏夜坐小船逃走，百里不表示同意，说："我要走的话，在上海就走了，不会到杭州来了。"（那军官也许是真意，也许是试探，有过这么一回事就是了。）

这样，百里先生便移住南京，在三元巷总部军法处待审。当时替百里说话的很多，陈仪也正在南京任军政部次长，也尽力在疏解。他们想："蒋介石在军事上顺利的话，对百里一定会从宽处置。"却想不到百里南京会囚居了二十个月之久的。一般情形，到了第四个月，就缓和下来，当局允许百里的家属进京探监，而且允许每天可以接见家属。左梅，这位日本女人，在这样逆境中倒发挥了日本民族的坚忍精神。她把大次二女留在上海读书，让她们住在校中。她自己带了第四第五二女到南京，在三元巷附近租了房子，天天和百里在监中一同过活。早往晚归，如守护士兵所说的，她们是没有礼拜天和假期的。

百里在狱中，每天早晨，打太极拳约半小时，那位只有四岁的五小姐陪着他打拳，慢慢也搅熟门路了。（他们晴天在院子里打，雨天在屋里打。）她也陪着父亲吃早点，喝牛奶。百里没有男孩，只有五个女儿，他的父爱，比母爱还恳挚些。百里在狱中，才开始练毛笔字，进步得很快。他的诗词本来很好，这时，他就对小女儿讲诗，讲故事。他的说书有天才的，他就对那两小女讲水浒，说景阳冈武松打虎。他叫五女爬在地下装老虎，四女装武松。他自己就表演如何扑，如何打，如何闪躲，如何追击，那真热闹极了。有一天，正在父女转在一团，那地上的老虎，一脚伸过去，把开水壶踢翻了，滚水烫得五小姐直叫。这小脚上的水泡，也痛了百里的心，真的流下泪来。那晚，五小姐留在狱中住宿，她故意装作一点也不痛。

那二十个月的囚居，百里一家，倒是其乐也融融，只是经济困难，生活当然不十分称心的。至于世态炎凉，友戚们惟恐受了牵连，漠不关心，更在意想之中。

狱中后记

在狱中过二十个月,也可说是漫漫长夜,好在左梅带着女儿伴着他,得天伦之至乐。他的内心修养,除了打太拳、打坐、写字以外,还潜心研究康德、伏尔泰哲学以及佛家内典。他那时自号"澹宁",即"澹泊明志,宁静致远"之意。百里先生有一回和我说到内心修养问题,这是从宇宙本体来看人生,鸡虫得失本是不足道的。他在狱中也和女儿打桥戏,老四蒋华精于桥戏,老五蒋和爱听故事。他就让老四研究数学,老五研究文学,他这位父亲,对女儿是十分关心的。

那一段时间,朋友学生也都疏远了,官场中人,最是势利,他们怕失了当局的欢心,为了自己的权位,更不会接近狱中的人。因此,雪中送炭,绝无其人。左梅也时常回到上海,尽力可能变卖家中什物,有时也向戚友借钱来应付日常用度。有时,她也做点股票生意,找点零钱。百里当然不会想到那么长时期的家用来源,她们母女串着哄他,说她做股票赚了钱。有一回,百里的袜子实在破得不堪了,两位女儿把仅有的两块钱(压岁封包)叫老姚(她家老工人)买了袜子,洗了几遍,塞到百里的枕边去。百里心中还不明白吗?他不禁对之垂泪了,好在他有这样好的妻子,真是万金不换的,这一方面,他也体味到人生的意义。

大约是一年以后,李根源、张仲仁他们几个人也曾向蒋介石请求释放蒋百里,说是"外侮日亟,将才苦少",希望当局为国家保全人才。蒋已在呈纸上批了"照准"的字样。可是,释放仍无下文,其他的人,也就不敢进言。恰巧"九·一八"事变发生,外患急,迫得党内非团结不可了(所谓"精诚团结,共赴国难"),为了综合粤宁双方,陈铭枢担负桥梁重要工作。他所属的十九路军,在蒋介石第二度下野时,调在南京、上海一带担负警卫任务。陈氏地位之重要,可想而知。那时,那位退隐香港的唐天如(上文我已说过,他是百里至好,曾任吴佩孚幕中秘书处副处长），因陈铭枢邀他入幕，他首先提出请陈氏设法挽救百里先生。陈氏入京，担任京沪卫戍司令长官，兼代行政院长，大权在握，说起来，当然更有分量，他还邀请吴稚晖等一同去说。恰好有一天，蒋介石派熊式辉约陈氏面谈，那一晚谈话中，便把百里先生的事，一同解决了。

陈铭枢氏，他在军法处下令释放的前一天，曾亲自到三元巷狱中访问百里，谈了一刻钟。第二天上午，左梅便接到军法处释放百里的正式通知。真是悲喜交并，满面热泪。百里在上海的几个女儿，也赶到南京去看他们的父亲。百里回家不久，陈铭枢又去访问了他一回，过了几天，百里一家，就回上海去了。

当时，外间不曾知的一件事：即是百里所囚居的三元巷，还有一位著名的人物，便是邓演达。他们在狱中，偷得机会，谈得很多的。蒋介石对邓氏最不放心，因为邓氏不甘低头屈服，便被牺牲了。百里心中，当然十分悲痛的。还有其他狱中，因为"九·一八"以后连续发生的爱国运动，拘囚了许多青年学生。百里对自己的女儿说："这些年轻人，都是有出息的！"这是他对学生运动的同情。

还有一件使百里伤心的事，那位诗人徐志摩，乃是百里的近亲。那天，从上海坐飞机，经过南京到北京去，曾到狱中看了百里。哪知就在那天下午，在山东泰山遭难，狱中一面，乃成永诀。一幕幕，对百里都是梦影。他回到了上海，曾写了一长幅心经送给陈铭枢，世间相，确乎"色即是空，空即是色"也。

"书生无用论"及其它

百里先生囚居南京二十个月，也可说是他一生的逆境。陶菊隐（这位旧闻记者，也是百里的好友之一）说："这一时期是百里政治最潦倒的时期,却又是他思想成熟的时期,家庭生活最美满的时期。"①这话是不错的。在这段长时期静修中,他想得很多,想得很深,想得很远。他那一口硖石土腔是脱不了的,但他滔滔不绝,和自己的女孩子们说朝野动态,国际时事,他们的客厅,便是海德公园。(他的家乡海宁硖石,只是一市镇。)

百里自己也是读书人,而且是博极群书的人,但他有了彻底的觉悟,比那位写《儒林外史》的吴敬梓还想得深远一点。他看出了书生的无用。他说:中国文人最无用,古来士为四民之表率,国家弄到这样衰弱,文人实在应负大部分的责任。读书越多的人,越不能成为当权阶级,仅知如何逢迎君主,得了一人的恩宠,就能爬到高层辅佐阶级的地位。他们的终身目的不过如此。曹操、司马懿,一面从政,一面读书,诸葛亮二十来岁就出山,都不能算得专心致志的文人。真正文人,四十岁以前,埋头读死书,变成了饱学的书呆子;四十以后,埋头科举,纵能显亲扬名,这辈子已是个废物了。

他说:中国人的正义感和个人气节都误于曹、司马两家之手。曹是特工的始作俑者,亲友信件都受检查,甚至行动也受监视。人人只许谈风月,不得批评朝政。他的儿子承其衣钵,所谓煮豆燃萁,成为千古以来一句痛心的话。司马对他的作风从旁学习,像后来希特勒学习慕沙里尼(今译墨索里尼,下同)一样,而且青胜于蓝,即以其人之道还制其人之身。他装病偃卧,玩弄曹家的子弟,结果曹家被他吞灭了。司马炎统一全国,模仿乃祖的作风,以自私的动机,废了兵革,收北方郡县兵器,而中国从此更衰弱,卒召五胡之乱。就国防说起来,魏晋时是中华民族的罪人,秦皇、魏武,却不无相当的供献(贡献)。

---

① 陶原文为:"百里的政治生涯在不愉快的氛围中,而他的家庭却在爱的氛围中,天性的爱是宇宙间最伟大的爱,这爱力就是百里两年来狱中生活精神所寄托的地方。他需要精神食量甚过丰美的肴馔,而这爱力还是他自身的爱所感召的。"

他说：唐太宗的母亲，是蒙古的歌妓。这个混血儿，虽演手足相残的惨剧，但他能把国防力量逐步恢复起来。他定制开科取士是开明的统制思想，进一步的愚民政策。从此统治阶级与辅佐阶级，截然划分，文人永远的只够"臣""奴"的材料。宋太祖"杯酒释兵权"，当然也是帝王自私的一贯作风。宋初的杨家将比后来的岳家将还高明些，兵法固臻上乘，武器尤有心得。蒙古人学了他的战术还不打紧，得了他的兵器，以至还击中国，且能驰骋欧洲。一方面造成了中国全部沦陷的黑暗时期。为害更烈的，是把火药传到了欧洲；日本又得自欧洲而来打中国；中国以发明家变成了挨打的国家，实在是痛心的事。

他说：崛起陇亩的朱洪武，推翻了异族统治，固不失为民族功人，可是他们父子所推行的特工制，比前代变本加厉，一方远承曹、司马两朝的遗规，一方吸收唐代的科举制，制定了双管齐下的政策。三年一小考，五年一大考，不知坑死了多少读书人。等到他们考中了，白发满头出来做官，这种人对国家对民族哪里还有一点儿用处呢？

他说：清朝利用中国内乱入关，更加上八股的桎梏，其害人程度与女子缠足相等。我所见的举人、翰林，他们化成灰，还是奴才的材料。我分析起来，中国之大而弱，由于不读书的流氓做了皇帝，成为最高的主权阶级，而知识分子则沦为辅佐阶级。当然，他所说的，也有着他们那一群朋友在内的。①

百里的历史观，对我们影响很大。我的"书生无用论"以及"脱下长衫，莫作奴才"的口号，一半受了吴敬梓的影响，一半也受了百里先生影响。

---

① 蒋百里对本国史的独到认识，本章将节引附录之。详见蒋文《中国史之我见》。

附：

中国史之我见[①]
蒋百里

中国自古以来就有极丰富的民主思想，所谓传贤不传子，那时尚未进化到选举制度，而国人皆曰贤就是尊重全国国民的公意。后来君权渐盛，仍有诤臣诤友，直到战国时仍不乏直言婉讽的辩士。直到专制魔王秦始皇诞生，乃完全转入君主独裁的时期。

中国文人最无用，古来士为四民之表率，国家弄得这样衰弱，文人实在应负大部分的责任。读书越多的人越不能成为主权阶级，仅知如何逢迎君主，得了一人的恩宠就能爬到高层辅佐阶级的地位。他们的终身目的不过如此。曹操、司马懿一面从政一面读书，诸葛亮二十来岁就出山，都不能算得专心致志的文人。真正文人四十岁以前埋头读死书变成了饱学的书呆子，四十岁后埋头科举纵能显亲扬名，这辈子已是个废物了。孙中山先生也是半路出家，以革命精神而能成为主权阶级的。

中国人的正义感和个人气节都误于曹、司马两家之手。曹是特工的始作俑者，亲友信件须受检查，甚至行动也受监视。人人只许谈风月，不得臧否朝政。他的儿子承其衣钵，所谓"煮豆燃萁"成为千古以来一句痛心的话。司马对他的作风从旁学习，像后来希特勒学习墨索里尼的一样，而且青胜于蓝，即以其人之道还治其人之身。他装病偃卧玩弄曹家的子弟，结果曹家被他吞灭。

司马炎统一寰宇，模仿乃祖的作风，以自私的动机废兵革，收北方郡县兵器，而中国从此更衰弱，卒召五胡之乱。虽有志士祖逖等，终亦无能为力。就国防说起来，魏晋都是中华民族的罪人，秦皇、汉武却不无相当

[①] 标题为编者所加。

的贡献。

唐太宗的母亲是蒙古的歌妓。这个混血儿虽演手足相残的惨剧，但把国防力逐步恢复起来。他开科取士是开明的统制思想，进一步的愚民政策，从此统治阶级与辅佐阶级截然划分，丈人永远的只够"臣""奴"的材料。宋太祖"杯酒释兵权"当然也是帝王自私的一贯作风。宋初的杨家将比后来的岳家将更高明，兵法固臻上乘，武器尤有心得。蒙古人学了他的战术还不打紧，得了他的兵器以之还击中国且能驰骋欧洲，一方造成了中国全部沦陷的黑暗时期，但为害更烈的是把火药传到欧洲，日本又得自欧洲而来打中国，中国以发明家变成了挨打的国家，实在是痛心的事。

崛起陇亩的明太祖推翻了异族统治，固不失为民族功人，可是他所推行的特工制比前变本加厉，一方远承曹、司马两朝的遗规，一方吸收唐代的科举制，制定了双管齐下的政策。兵士把守考棚，文弱秀才看见了兵就吓得浑身战栗，考棚内竹制桌椅摆成长条格子式，考生一排排地坐满了，如果有一个考生因惊而颤，同坐的一排都要受到他的影响。凹凸不平的地板，监考兵士走过来踱过去，吱吱地震动起来，而考生的手腕也因之动摇起来。考生今天入场明天才得出来，像坐了一天的牢受了一天异样的刑。三年一小考，五年一大考，不知坑死了多少人。等到他们考中了，白发满头出来做官，这种人对国家和民族哪里还有一点儿用处呢！

清朝利用中国内乱入关，更加上八股的桎梏，其害人程度与女子缠足相等。我所见的举人、翰林，他们化成灰还是奴才的材料。我分析起来，中国之大而弱由于不读书的流氓做了皇帝——最高的主权阶级——而知识分子则沦为辅佐阶级。历代主权阶级说尽了好话，做尽了坏事。人人骂隋炀帝"无道昏君"，他做坏事就直言坏事，偶然也做了几件好事，不像后来的人专做坏事还要榜标好事之名。近来的情形是发挥中国固有的特质再输入西洋的新手腕，民国成立了二十年，民主的路程迄今还隔得相当的辽远呢！

第六章 "天下兴亡，匹夫有责"

犹有书生气，空拳张国威。
高歌天未白，长啸日应回。
旧学深沧海，新潮动怒雷。
老来逢我子，心愿未应灰。

——蒋百里赠张禾草

语云："天下兴亡，匹夫有责"，像蒋百里这样的匹夫，和范仲淹一样，乃是"先天下之忧而忧，后天下之乐而乐"的士大夫。这一方面，他最富有文艺复兴时代的奋进精神。他从南京的幽禁中出来那一段时期，该算得他最闲的时期，却是他最忙的时期。他看得多，想得多，研究得多，计划得多，也和朋友们谈得多。他们那一聚餐会，有徐新六、张公权、钱新之、穆藕初、陈仪、胡笔江、陈光甫等，都是工商实业界的首脑人物，经常在闲谈朝野重大问题。

一九三二年农商银行成立，百里也担任常务董事，他的生活比较有了着落，朋友们要他研究经济部门课题。那一年他又到日本去考察一回。那时，正是日本军阀准备积极侵华时期（所谓非常时期），百里的士官同学，如真崎、荒木都已抓了大权。百里对他们说："不管你们怎么说，说得怎样漂亮，你们的本意，还是要侵略中国。"真崎说："日本人口多，求生存，这是迫不得已的；中国东北人口少，物资丰富，我们帮着中国开发，彼此有利的。"百里笑说："那么，你们用不着说什么漂亮话了。"有一天，闲院宫亲王（那时任参谋总长），宴请百里，饭后闲谈，对中日问题，谈得更露骨。他希望中国方面不能再拖了，中国救（求）助于英美是没有用的，西方国家都是自顾不暇的。

那回，百里从日本回来，告诉我们：中日问题会走到全面破裂的终局的，"拖"既不能"拖"，"谈"也无从"谈"。我记得那时，我还在一份周刊上引用过他的话。"一·二八"以后，百里曾经和冈村宁次（日本战略家，"八·一三"以后指挥日军在华侵略的统帅）闲谈，冈村说到太湖地区作战，非使用橡皮汽艇在河面机动攻击不可。百里便向当局建议：赶快组汽艇攻防队，至少要有六百艘以上汽艇。哪知，我方尚未筹购，而"八·一三"淞沪战争发生，日军已运用汽艇控制河沼地区，迂回到福吴国防线后面去了。

他这个在野的军事家，真是知无不言，言无不尽。他告诉我们：中日战争，一定是全面战争而且是十年八年的长期战争；我军一定守不住沿海地区，湖南乃是中国的乌克兰，后方根据地。他着眼大冶、萍乡的煤铁，要把作战的大本营送到湖西芷江去。（那就接近贵州了。）有一回，实业部派参事程一中监收湖北烈山煤矿（湖北随县），百里就和程君谈到这煤矿的历史、煤的质量以及运送的路线。他告诉程君："烈山煤在日本东京也有市场，日本天皇宫中，就是用这种煤。"这可把程君钦佩不已了。百里为了准备对日本作战，主张马鞍山（安徽）设小型钢铁厂，大冶设大型钢铁厂,这就和现在的建设轮廓相接近了。

百里所提的向美国大量采购柴油,在庐山、衡山、武陵三地盘设山洞,大量贮油,也是作战准备之一。他的三年炼油计划,一面为财政部所反对,一面美商供油三年的草约,也为美政府所搁置。当然画饼难以充饥的。他曾慨然对我们说:"在官僚主义之下,什么都行不通的!"

百里曾从农商银行的本位,想从农村普遍贷款辅助农民生产着手。(也就是农村合作生产。陈仪最赞成这一办法,所以陈氏在闽主政时,合作社的工作推行得最有成绩。)他觉得对日本作战的中心力量在农村,在城市造几条马路,修几座大房子,那是没有用处的。

百里在"七七"前一年,就说:"这是生死存亡关头,一句话,什么建设都得为了战争,谁都得动员起来!"

蒋昭的夭逝

有一天晚上,在一处餐上,我好似莫名其妙地对L兄说到做父母的不容易。那一点感触,一半是由于看了《渡假留香》的影片而来,那影片中有一句讽刺儿童心理学家的话,说:"天下无不好的儿女,只有不会管教的父母。"一半则是想到百里先生的教育女儿。他这个父亲,简直是"母爱"。做父亲的,如先父那么严厉管教,可以说是理学家的典型,但收获的成果并不怎么好。而一味顺从儿女的意向,所谓自然主义教育,其后果也有不堪言的。因此,我对于百里先生,时时留意儿女的性格,让她们发展自己的才能,觉得最合乎做父母之道。这是我要和L兄谈的意思。

最近,我的女儿为了参加《金沙江畔》的影片,厂方要她学习骑马,一开头就摔了一交(跤),做母亲的当然有点心痛。我引用了百里的话,告诉她:"初学骑马的人,第一要练胆,胆子不大就不会学得好;第二不怕跌，越跌得多门坎越精；第三要善于应付环境；明乎此，便无法而不驰骋自如了。"在青岛休养时期，他每天黎明，就把几个女儿喊醒，每人一匹马，到海滨去驰骋。他带着她们上了山路，有时就在草径上穿来穿去。他会鞭策女孩子们的马，呼她们当心，一霎间飞骑而去。百里对她们说："你们不要害怕，这是第一课。你们要学会自己救助自己。"

百里没有男孩，只有五个女儿。在蒋老太夫人的晚年，当然抱孙心急，不无歉然。太夫人逝世后，百里就更满意于自己的五女。可是，老天并不让他在这一面完全美满，他最宝爱的，十六岁的女音乐家蒋昭，他的长女，就是她获得了世界声誉那一时期夭逝了。有一天，星期六，他和她们一同吃午饭，他看看昭女的脸，显得格外的红润，他问她有什么特别的感觉，她也说不出来。饭后，左梅替她诊查一番，体温三十八度三，她就叫她好好儿休息。第二天，到医院照了 X 光，发现肺部有小黑点。百里口中不说，心里很担忧，便带她到上海红十字医院去打针。因为她患过脑膜炎，针药不进，百里当然更焦急了。昭女心里想回北平去，他们全家便搬到了北平，在城西颐和园租了几间屋，就让昭女住到北平肺病专科疗养院去。那位医生并不对百里说真情，看来对疗治颇有把握似的，百里便独自南归，到南京处理公务去了。

哪知病情一天一天转坏，到了八月十九日那天，双眼已失神了。百里接了左梅的急电，回到了北平。昭女已入弥留时期，百里恰好赶上了"永诀"。这位女音乐家，对生死倒看得很破，坦然长逝了。这是百里一生最难受的一刻。

在颐和园中那四位妹妹，从父母神情上明白了昭姊的长逝，大家黯然无言。百里一声不发，也就独自从山冈那边走去，十一岁的和女追了出来，默默跟在后头。那些日子，百里说话很少，不笑也不哭，这是最深沉的悲痛。有一天，百里带着那几个女儿在后山柏树林中闲步，忽然看见四张小凳子，围着一棵大树墩，他笑了对女儿们说："你们知道仙人们是怎么过日子的?"这便是他在悲痛中的幻想,他想昭女一定成仙了。和女问他:"仙人吃什么的?"百里说是吃松子的。"睡呢?"百里说是睡在松树杈桠上的。他说这大树桩乃是仙人下棋的台子。在他的心头,昭女是永生的。

那年九月里,他们一家人又南归上海,触物伤情。他曾和她们痛哭了几回,眼泪才把他和她们的悲痛慢慢冲淡来。

再游欧美

一九三五年夏天,蒋介石特地召见了史九光(他是陆军大学教官,著名战略家,浙江人),和他谈到派员到西方国家去考察现代军事,其人必须:一精通外国语,二富有经验学识,三在国际有声誉。征求史的意见,史说:"那只有请蒋百里去了。"那时,百里正在青岛避暑,便应邀到了南京,一说便合。蒋介石特地请百里在汤山温泉作一夜的深谈。

这回欧美之行,除了左梅,还有他们的女儿蒋英、蒋和,以军事委员会高等顾问名义出国。他的学生刘文岛,任驻意大利大使,在工作上相配合,同轮西行。(上次梁启超、蒋百里访欧时,刘文岛还是私人秘书。)恰好顾维钧调任驻法大使,他夫妇俩也同在维多利亚邮轮上(意国邮船)。百里记得一九一八年,他们到欧洲去,正当巴黎和会初开,顾维钧以少年外交家驰骋坛坫,又赢得这位黄夫人的芳心。黄夫人,乃是华侨巨富的爱女,曾与英人结婚,以种族歧见,中道分离。她嫁得顾维钧这样金龟婿,可说称心如愿了。经过十多年的演变,顾氏夫妇之间,又有着一本难念的经。据说顾氏又移情到某夫人身边去,那时那夫人也跟着在邮轮上。黄夫人秋扇被捐,心中怏怏,轮中和左梅闲说,说到这件事。她说她曾和宋霭龄、宋美龄说过,她们劝她虔诚向上帝去祈祷,黄夫人又叹一口气道:"这年头,上帝也够忙了,祂是没工夫听我的祈祷了!"左梅告诉她:"求人不如求己。"①她说的是日本妇女的坚忍精神,倒把黄夫人说动了。(据说,很有成效。)

百里把这两个女儿放在行万里路过程中去了解世界,以他的史地、军事知识去教导她们。他们到新加坡时,当地总督招待他们去参观新加坡的军港,建筑的雄伟是可惊的。可是百里说:"敌人不从水路来,而从陆上来的话,那就很糟了。"这倒不幸而言中了。②

他们在孟买看过印度的神庙,在亚丁湾参观过防御工事,他们穿过了苏彝士运河(今译苏伊士运河)到地中海,在拿坡里下船,那是维苏威斯火山的山脚。(意大利军部派参谋在那儿迎接他们。)百里对伴着神话传说的古罗马城市格外有兴趣,中间停车,在乡村饭店吃了一顿地道的意大利菜——鲜柠檬汁拌鲜炸鳟鱼,再加意大利通心粉。

到了罗马,他们先后住了两个月,他把罗马当作古代博物馆,让左梅和两个女儿一同接受他的评介。起始左梅并不感到兴趣,经他这生公一说法,她这顽石也点头了。他对她们说:"罗马要分开四组去体味:①天然形势及古迹,如驰道、王宫遗迹、纪念塔、斗战(兽)场之类,是以政治为中心,历史为材料。②梵蒂冈、圣彼得寺、保罗寺、地道等处,是以宗教为中心,历史为材料。③美术、图画、雕刻、建筑、画廊等,以文艺复兴为中心而观其演进。④现代建筑,以经济为中心,走向民族复兴之路。"他说:"看罗马必须脚健,走着看着,坐一辆汽车兜圈子是不行的。"他引用了一位法国军事家的名言:"如果做元帅的必须有身经百战的经验,那么我所骑的那头驴子的战场经验,就比我富得多了。"百里说:"有知识的人,才配谈经验;肯研究的人,才配谈阅历。"他女儿倒是他一手教起来

---

① 所谓"求人不如求己",陶著中详述为:"你逆来顺受,无论他对你怎样冷淡,你却报之以一团热。你多忍耐一次,他的良心便会对你多负疚一次,积下来忏悔的心理深了,他对你的同情心增加,最后便是爱的复活,幸福的锁钥稳稳在你的手里。"
② 后来日本攻陷新加坡时是假道泰国从北方攻入的。

的。（以上所说，见百里所写的《课儿篇》。）

百里看事物很细，他教女儿也如此。他们行经苏彝士港时，看见无数黑人在扛黑煤上船，浑身都是黑汗。同行的觉得他们不用起重机是可怪的。百里叹了一口气道："这便是帝国主义者的殖民手段。黑人在白人眼中是没有地位的，这些'动物'的劳力代价比机器便宜得多，他们就利用这廉价的劳力。可是这黑色大陆乃是黑人的世界呢！"他已看到黑人民族主义的抬头了。

女儿的故事——一幕喜剧

很多年前，我曾读过一本小说，小说中的主角是中年男子，一位中学教师。他的妻子已经去世了，只留下一个女儿，父女相依为命。这位最疼爱女儿的父亲，既怕女儿找不到好归宿，又怕女儿给别人爱上了，结婚了，离开他了。那小说写这份矛盾心理，非常曲折细致。我也不讳言，在我们心头，自会有这样的矛盾。

说了这段闲文，我就把这份矛盾心理挂到百里先生的身上来。百里，他只有五个女儿，没有男孩子。他最疼爱的是一头一尾，长女蒋昭以音乐著名，她已夭逝了。最小的是蒋和。那回跟他们到欧洲去的是老三蒋英、老五蒋和。蒋英那时已十七岁，也是音乐家，亭亭玉立，漂亮得很。（五女之中，蒋英最美丽。）他们一家人正在罗马畅游，百里发挥长舌天才，谈古说今，十分愉快。哪知半路边杀出了李逵，一位外交界的青年C君，他在意大利的交际场中十分兜得转，却把蒋英看作"朱丽叶"，十分倾倒。他向蒋英邀请同游，她问了她的母亲，左梅说："当然，现在的女孩子，不再是躲在闺房中不见人了，偶而出去交际交际，又有何妨？"那天晚上，到了午夜才回来。英女轻声轻步地走过甬道，走上楼梯，推门一看，只见她父亲在椅子上打瞌睡，她母亲在灯下修指甲。左梅看她进来，就说："你快去睡吧！夜深了。"这时，百里也醒来了，抬头对她看看，也放下了一卷书去睡了。百里夫妇对女儿的管教，便是如此，从没有疾言厉色过。

不过，小麻烦毕竟来了。那位C君，找了刘文岛来说媒，要完成两家的姻好。百里对这位弟子的好意，却不想领受。他不想自己的女儿离开自己的身边这么早。百里也不对文岛说甚么，第二天他便把英女带去游玩佛罗伦斯（今译佛罗伦萨）和威尼斯水城，他们就穿过了阿尔卑斯山到维也纳去了。（那时，百里已经见过墨沙里尼，参观了拿坡里的秋操，在公务上可以离开意大利了。）左梅和女儿也从罗马到了维也纳，可说不交待的交待。

谁知那位C君，情之所钟，也追迹到了维也纳。他拜见了百里，直白地把求婚之意说了。百里淡淡地说："这是我女儿的事，我老夫妇不便过问的了。"接下来便是蒋英演的好戏。那位C君准备着做罗米欧（今译罗密欧，下同）的，在她面前背了一连串台词，最后他掏出一把手枪，说是要自杀。这倒把百里吓了一跳。可是蒋英沉着得很，笑着说："这又算甚么，你是说爱了我了，那么说以我的心为心；你要是自杀了，岂不是无端端叫我做罪人？好吧，不要傻了！我们听音乐去，今天不必说这些问题。"她倒不愧为将门之子，临事不乱。她和他在维也纳玩了一晚，半夜才回家。那晚，百里当然没有睡。她轻轻地进去，对着父亲说："放心去睡吧！没人会抢去你的女儿的！不会闹乱子的。"那位罗米欧果然走了，也没有自杀过。

后来，他们又到了捷克、布拉格和柏林，左梅和英、和都留在柏林。（百里还到了南斯拉夫、匈牙利诸国，考察了军事。）英、和在柏林进了德国小学。英后来专攻音乐，这是百里的意思。他对她说："你将来学音乐，到了相当成就的一天，会感到内心的空虚和孤立。那时候你不可灰心放弃，必须一面回想历史的过程，一面向大自然中求解决你的难题。那是人天交战的关头。(也就是一生学业成败的关头。)"我曾对百里先生说:"你是把痛悼昭女的梦在英女的身上实现起来。"他说我想得不错。在他们进学校的前一天,他带她们到动物院去玩。那时柏林动物院的大狮子,刚养四个小狮子。英、和二女,特地一人去抱了一个小狮子,一块儿照了一张相。百里寄照片给她们,在后面题着这么两句:

"垂老雄心犹未歇,将来付与四狮儿!"

百里他们离开柏林,对着二女含泪不敢流。百里回过头来,对左梅说:"等到将来,再见面时,也许她们已经不是我们的了!"

第七章 "西安事变"中的"特客"

> 苏东坡《留侯论》:"张良有如妇人女子。"他也便是张良典型的人物。他的书和诗法,都足以传世,军人中真能具足学者书生本色者,百里之外,已无第二人。
>
> ——黄征夫:《怀百里》

"昨为座上客,今为阶下囚"

在百里先生的一生中,一九三六年十二月初,他从欧美考察回来,突然应邀到了西安,碰上了"西安事变",乃是政治生命转折点。我说过,百里乃是研究系的政人之一,和梁启超、蔡锷是好友。研究系国民党之间,政治关系并不怎么好。百里曾经参加唐生智的反蒋行动,曾囚居南京二十个月。因此,蒋介石对于百里先生,总是"尊而不亲""敬鬼神而远之"的。直到西安事变以后,一度共过患难,乃转入"亲"而且"信"的阶段，坐上了陆军大学校长的职位。在蒋介石的一生中，这样的"让贤"也是少有的。

百里从南京飞到西安那天，正是十二月十一日，邵力子先生（那时任陕西省主席）在机场欢迎他。当时，西安的空气虽是近了爆炸线，表面上还是平静如常。他刚在西安招待所卸了行装，蒋介石已来了电话，邀他到临潼华清池去晤见。他到了温泉，看见张学良也在那儿。他见了蒋介石，报告欧美之行的情况，也说到当前的国际情势。晤谈既毕，汉卿邀他一同回西安，因为那晚张杨一同请客，也替百里洗尘。可是，蒋介石留住了汉卿，说是还有话说，要汉卿吃了晚饭再走，百里只得独自先归了。百里回到西安招待所，已是傍晚六时，便匆匆赴绥靖公署的张杨公宴。

那晚汉卿回来时，已经八点钟了，同来的有陈调元、蒋作宾、陈诚、卫立煌、陈继承，他们都是蒋氏左右的重要角色，很快都变成了阶下囚的。那时住在招待所的，还有蒋鼎文、朱绍良、邵元冲、万耀煌，蒋氏的高级将领，几乎一网打尽。（此外住在招待所二楼的，还有一位德国顾问，一位路透社女记者。）不过，汉卿那么一脸笑容，喝了杯酒对大家表示迟到的歉意，确乎看不出有甚么"箭在弦上"的安排的。

百里先生那晚睡得很迟，十二日早晨却很早起床。伏案写了两张西安风景片，寄给德国的两个女儿，便安排着要写欧美考察的报告书。这时，他忽听得窗外枪声，由疏而密，呆了一下，想：这或许是军事演习，不会有甚么事吧？可是，他从零乱枪声，又直觉地推断：可能是兵变。正在此时，隔窗有一团黑影在爬动着，随着砰然一声，那影子倒下去了。（其人便是邵元冲，西安事变中被牺牲的一人。）他明白：一个事变在发生了。

他默然不作声，回到房中去。那天天气特别冷，他穿了羊毛衫，加上厚丝棉袄，卧在床上假睡，一面推寻这事变的缘由。朦胧中，天已大明了，他听得有人在门外找寻从上海来的蒋百里先生。他正在下床，一位青年军官已经推门而入了。那军官是营长，后面跟着两个持枪的士兵。那军官说："没甚么大事,不要紧!请先生到客厅坐!"百里也就不期然而然地跟着他们走。

客厅上可热闹了,济济一堂,有惊疑莫定、睡眼惺忪的军政大员,有那些大员的卫士,也有直打抖索穿着睡衣拖鞋的大员夫人们。(卫士们都已缴了械。)百里先生说:最后请来的有陈诚、蒋鼎文、朱绍良、万耀煌,昨晚席上贵客,照单全收。还有钱大钧,他是侍从室主任,他是从临潼抓来的。一时大家面面相觑,没人敢作声。他们知道临潼一定出了事,也没人敢问。

百里先生闷不住了,问那青年营长道:"今天究竟怎么一回事呀?"那营长答非所问地说:"你们有年纪的人,哪里知道我们年轻人的苦闷哟?事情不会扩大的,你们放心好了!"

"昨为座上客,今为阶下囚。"百里就是这么喃喃念着这两句话。

"跌落了眼镜"

广东成语中有一很好的譬喻语:"跌落了眼镜。"即是说,有人以为自己眼界很高,看得很远很深,判断得很正确的,(谁)知在现实面前翻筋斗,自己打自己的嘴巴了。即如西安事变,以蒋介石的权力,他所布的特务网那么密,他的左右股肱都在西安,哪知就在临潼做了张学良的笼中鸟。一切夸口的话,都豁了边,岂不是"跌落了眼镜"了吗?

还有,在西安做了俘虏的军政大员,年纪都在半百以上,老眼昏花,非眼镜不行。他们匆匆从房间里赶到客厅时,他们的眼镜真的都失落了。百里先生说:"我那时失落了那套燕尾服还不要紧,那时的军政大员,谁都不讲究仪态了。只是失落了眼镜,变成了开眼瞎子,那真糟了。"在饥寒交迫中,大家默默无声。那位一向很风趣、嗓门高的军事参议院长陈调元,大声喊买茄力克香烟,大家也只是惨笑一下而已。倒是户外喊卖号外的声音吸引了他们，从"号外"上看到"张杨兵谏"以及八项主张的条文，他就叫人一句一句念下去，才摸准这事变的内情。

直到下午四时左右，张少帅向他们拱手致歉，才大吃大喝，陈调元院长带来的火腿和百年陈酒都吃掉了。他们又重新被分配到各个房中去，那房门都有士兵监视着，不许他们关门的。百里因为找不到眼镜，连书也不能看，更是苦闷得很。

到了晚上七点钟，各房单开晚饭，比刚才的一堂抢吃还寡味些。那时张少帅进了百里的房，把房门半掩着。他一脸苍白，有些紧张，百里心里一想，临潼那边的事，或许不怎么严重的。只见少帅从怀中拿出一份兵谏电报全文请百里看，他说："百里先生，你是无党无派的人，先君很敬重您；此刻，我有一疑难问题，想请指教。"百里说："我没有眼镜，什么也看不见的。"少帅连忙叫卫士找了一副老光眼镜，也不知是谁的眼镜，就是这么凑合着用就是了。百里把电文看了一遍，便还给少帅。少帅焦急地说："先生以为如何？"百里说："今天是力的问题。"少帅接着说："今天惊动了你们，非常对不起。先生莫客气，就正面指示我们一下。"

"在西安，你的力很够，尤其是在招待所，两条枪就够应付我们了！可是西安以外怎样呢？"

"西安以外，我就力不从心了！"

"那么，你自己已经有了打算，用不着来问我了。"

"您先生还在生我的气！等会儿，我再来向先生请教。"这时少帅已经叫副官添了酒菜，还有好香烟，百里就慢慢享受着。

那天晚上九点钟，少帅又去看了百里，和百里谈生活状况和子女教育的情形。百里淡淡地说："要是我也和邵元冲一样，国家该抚养我的家属和子女了吧？"少帅没说什么，也就走了。那晚，百里倒好好地睡了一觉。

第三天（十三日）上午十时，少帅又去看了百里先生。他说他想到百里先生所说的力的问题。上一晚，他知道何应钦已经准备进攻西安，黄埔将领也准备和他们大干。他要百里判断何应钦和黄埔将领是否态度一致。百里说他自己刚从海外回来，一切情形都很隔膜。

　　少帅喃喃自语："陆军来攻西安，也不是一天二天的事，我们的抵抗力，不会很弱的。所虑的是空军，空军所关的，不仅是我们的安全。"从这句话，百里知道蒋介石还没死。

俘虏作军师

　　西安事变的第三天，周恩来已经从延安到了西安了。这时，强敌在前，中国朝野应该联合一致对外抗战，权衡轻重，得让蒋介石有这样的觉悟。张少帅也就冷静下来，要转变当前的局势，他曾经请邵力子向蒋介石去进言，希望蒋介石以国家为重。蒋介石正在气头上，拒不作答，少帅又想百里先生这位无党无派的谋士来。

　　少帅再去看百里，百里侧面试探着说："你问计于我，我一切都闷在鼓里，没有情报怎能下判断？你说：俘虏怎能做军师？"少帅连忙道歉，说请他移住杨虎城私邸，到那儿什么都可以说了，你要什么有什么？又说："您要哪一类情报呢？"百里接着又问他："委员长在什么地方？你们向他要挟，他作怎样的表示？国内外对这次事变如何反应？"少帅沉吟一会儿，说："您如肯移居，一切话都好说。我们现在还是先谈力的问题，假定中央飞机对西安轰炸……"百里不等他说完，便说："委员长在西安，他们必不来轰炸的。"少帅连声说"是。"他又退去了。（那两天，在西安天空，时有中央的飞机掠过，并没低飞投弹，只是示威而已。）

　　到了第四天（那时，端纳已经从南京飞到西安了，并且知道宋美龄也快到西安去了），下午二时，少帅又找了百里，说："我想请你做一件事，不知您答应不答应？……您愿见委员长谈一谈吗？"少帅说他自己见了蒋介石，蒋介石必大动肝火，不让他陈述意见。他要请百里劝一劝，因为百里是客卿，说起来比较容易些。（百里还不知道邵力子先生已经见过蒋介石了。）

到了十六日下午四时，少帅说是已经向蒋介石报告请百里去谒见的事，便邀百里一同前往。（那时，蒋介石已经移居高桂滋将军的寓中。）百里进入蒋介石的卧室，少帅便退出了。（那时，蒋介石背伤未愈，睡在床上，百里便坐在床边沙发上。）蒋向百里谈及张的意思，想派一人先到南京去，其心目中以为百里最适宜。蒋本人并未表示意见。

百里对派人往南京这一点，非常赞成，因为事情弄僵了，于国家无益，一切化大为小的好。不过，他自己和政府没有深切关系，如要派人前往，百里建议最好派张所最不喜欢的蒋鼎文去。

在少帅伴送百里回招待所的途中，百里里问他："你是不是有诚意呢？"

"怎么会怀疑我没有诚意？"

"你是否想我先到南京去？"

"是的，因您是无党派色彩的人。"

"何以不对我先说明？"

"想您见过委员长后再告诉您。"

"我非党国要人，去了于事无济的。要解决问题，须派南京方面所信任的人物去。"

"谁好？"

"我看蒋铭三最适宜。"

"好，我不但请他去，还且请委员长写亲笔信让他带去。"第六天，百里再谒见蒋介石时，他的亲笔信是写了，交在百里手中，等到蒋鼎文上飞机时，百里才交给蒋鼎文手中。那便是"停止轰炸三天"的手谕。①

到了十二月二十一日，宋子文到了西安，二十二日，宋美龄也到了，一切都由紧张而缓和下来了。百里便做了这么一回军师。

"昨为阶下囚，今又座上客"

关于西安事变的内情，当时蒋介石回到了南京，所有军政重要消息，只许中央社单独发表，许多幕后接洽实情，一般人都无从知道。百里先生身与其事，而且奔走商量，当然知道得更清楚，可是我们听到了，也不便发表出来。后来蒋介石和宋美龄都写了回忆录，他们都有其政治作用，有意把真相遮盖起来。我们在宋美龄的追记中，看到了周恩来在西安的踪迹，也只是这么淡淡一句，一般人是不明白周的意向有着决定性作用的。

张学良和周恩来在肤施见面，那是一九三六年夏天的事。他们讨论到：①蒋与抗日关系问题。②用法西斯方法谋中国统一的问题。周对第二点认为难能成立，因为无论名义如何，中国在实质上难有法西斯政治存在的可能。至于前一点，那时，中共已由土地革命阶级斗争转到各党派联合抗日的民族革命，已经变了一步。

不过，"双十二"事变的突然发生，正和中共的预想相反；中共预想通过张学良的关系与蒋介石协商，化除国共双方的对立。而"双十二"事变，却可能引致更大规模更长久的内战。周恩来于十二月十六日到了西安，说服了张杨，认为有释放蒋介石的必要；同时，周氏和招待所被羁的中央军政要员密切商谈了种种政治决定。十月二十五日，蒋介石在张学良陪伴之下飞出西安，一部分少壮军人当时对周氏是不满意的。这种种都是

---

① 手谕详文为："敬之吾兄：闻昨日空军在渭南轰炸，望即令停止。以近情观察，中（正）于本星期六日前可以回来，故星期六日以前，万不可冲突，并即停止轰炸为要。顺颂　戎祉中正手启。十二月十七日。"

百里先生所亲知亲闻的，他对我们表示对国军很乐观，认为国共合作统一抗战的前途很大的。（一般人当然不明白这些幕后接触的经过的。）

百里先生在那两星期中，因为他参与了最高决策，当然看得很明白。他每日写给女儿们的明信片中说："飞机轧轧声，南京有人飞到西安来了。""又一轧轧声，蒋今天飞回南京了。""明天再来一声轧轧，你们的爸爸，将离开西安这古城了。"

十二月二十六日，杨虎城在绥署设宴为百里等饯别，席上众人相顾而笑。百里先生举杯高吟道："昨为阶下囚，今又座上客！"世事如棋局局新。中国抗战第一声，谈者说是从临潼华清池边发出的，这话也颇有几分道理。

第八章　英国论

> 百里一生既是军事学家,又为政论家,擅长文史研究,诗写得不错,字也写得很好,也是多方面的才能。他娓娓清谈,滔滔不绝,风趣横溢。
>
> ——曹聚仁评蒋百里

百里先生的欧美之行,他是考察了欧洲大陆各国,经伦敦,再到美国,再从日本回国的。那一时期,英国还是世界的重心,也正是张伯伦的"雨伞时期"。

百里谈到英国问题时,他说:"我对于英国外交,不敢判断,不愿批评,我唯有诚意的赞叹与虚心的仿效而已。"何谓不敢判断?他说:昔欧战开始前,德国驻英大使归国,威廉二世询之曰:"万一欧战发生,究竟英国态度如何?"大使答道:"我不知道。"事后英人某阁员听到了,抚掌太息(叹息)道:"此真能知英国者也。不独德大使不能知道,连我们英人也不能自知的。"夫以英阁员，以德大使，他们竭忠尽智以求知，终于不可知；那么，我们即算沉思熟虑，尚且白费脑筋，何况轻率雌黄，岂非开口便错？故曰：不敢判断。

何谓不愿批评？他说：如果一篇鼓励的文章，而张伯伦能寓目而为之一笑的话，或者，一篇刺激性文章，而英伦政客能看了为之一怒的话，则批评始有价值。可是以美之富，法之强，俄之巧，意之滑，德之蛮，众说纷纭，曾不能动其政策之分毫，乃泰然独行其所是，那我们以自己的主观利害来批评他——世界帝国的根本政策，岂非隔靴搔痒？故曰：不愿批评。所以百里说，对于英外交，只有赞叹，只有仿效，何以故？曰：英之外交，乃和不忘战故，是孙子所谓"以全争于天下者也"。岂独外交，也是兵略上最精的。

他说：英国外交政策，虽不可知，然有一事焉，为世人所共知者，则英国唯不战而能胜是也。所以张伯伦之和平——不战政策，为英国之最上政策，无可疑者。然英既以不战而胜，则反英者，必以战为胜，此中消息盈虚，势力之孰强孰弱，有非可以数字计算者，此所以英法和平之志虽坚，而欧局终至于危险也，然英之外交乃更对此而有所备。

张伯伦说："英国有三种场合，不惜一战：①如果有人侵犯英国的领土及殖民地。②为履行对于同盟国条约起见。③二者以外，如果英国认为必须一战才能解决，那也义不容辞。"百里说：张伯伦虽号为实际家，其实实际应付，非英之所长也；英国之所长在其远略。举例：如甲午之役，即定联日制俄之策，一九〇四年，即定包围德国之策；欧战一终了，即警戒日本。即今日《泰晤士报》对中国抗战表示好感，也准备于数年以前。惟其举一事，定一策，决于十年五年以前，一到临时，即能水到渠成，他国莫之能抗也。但长于远略者即短于实际应付，盖自非先知，孰能举未来之变而一一预定之？故每下一策，必留一余地以应变，而形成一不彻底之局面。对意大利政策受攻击与讥笑，即其一例。可是英人宁可忍受此羞辱，何也？国防故也。只有前哨为本队牺牲，不能为前哨而牺牲本队。外交事小是面子问题，国防却是生命问题，为面子而牺牲生命，英人不为也。百里说了合乎辩证逻辑的话："世人以英之退让，谓为武力不足，此误也；英人亦自言之，此伪也。诸君志之，今日文化社会之世界，一国家可以因为打胜仗而亡国，打了胜仗即可兴国，此时代落伍之言也。我们试想，纵使英法能联苏挟美，予德意以一击，后果如何？英不能再强了，而苏美之势必日大，则真正到了帝国霸权之危机时代了。英人肯自动促进这一危机的早来吗？故'和平'二字，德意为口头禅，在英人则是生命问题。"百里的话，到今日看来，还是有意义的。

百里曾经为了国联开会，对英国人说过如次的一番话："英国不是欧洲的一个单纯国家，而是现在二十世纪的一个唯一的世界帝国，所以我以为英国人，应顾虑到自己两种义务。一是国家的义务；二是世界帝国的义务。现在世界上无论在某一小地方出一件事故，没有不与英国有关系的。别国可以把世界忘记，英国不能把世界一时一刻离开的，换言之，世界的事情，就是英国的事情。"

杜黑主义的信徒

在第一次世界大战后期，产生两种战争武器的雏形，坦克和飞机。（"坦克"原是水桶之意，以其形似，用作掩护的名称。）那位第一次世界大战中西线上小兵希特勒，他看中了"坦克"，从机械化路上发展，加厚装甲，用以构成压倒的攻势。而意大利的杜黑，发表他的制空论，主张海陆空平衡发展，置空军于主要地位，三军之上冠以统筹国防的总机构。这个理论，军事家称为杜黑主义。（这一理论，立刻影响到德国和苏联。）这便是第二次世界大战的轮廓。

百里先生，从欧美考察归来，也对我们发表他的杜黑主义观点。他说：世界的变迁实在太大了。第一次大战，军事重心在海军；那么，第二次世界大战的主力，将为空军了。他说到上次世界大战的导因很多，最重要的一环，乃是德国扩张海军、潜水艇，危及"海上王国"（英）、"金元王国"（美）的经济及国防安全，才爆发起来的。他在欧美各国看到全力扩张空军的情形，空军易攻难守，防空绝无充分保障，空军破坏力远在海军及潜艇之上，那就非发生大战不可了。那时，美国飞行家林白，横渡大西洋，受欧人热烈欢迎，曾在欢迎席上说："空军可于数小时之内，甲国的能摧毁乙国的首都，乙国也能大量屠杀甲国的民众。这样的仗，怎么打得起来呢？"百里却认为战争的破坏力愈大，战争的爆发可能性也愈高了。他们在横渡太平洋时，碰到世界和平纪念日，他就预断二次大战可能很快地到来。

他在各国看到现代国家经济和其它部门，无不与国防有密切的配合。各国花样不同，而以国防为中心思想则一。他举了德国的例子：德国的国道计划，表面上发展交通，骨子里却是国防计划之一部分；他们的公路，路基筑得极坚固，汽车每小时行百五十公里。那纵一线横一线的国道，平时便利运输，促进工商业的发展，战时便是绝好的炮兵阵地。须知建筑炮兵阵地，不是一天两天的事，这种一举两得的计划，就比临渴掘井高明得多。他说："法国有名的马其诺防线，工事设在地下，用心是周密极了，但不合经济原理，是消费的国防。而德国在地面上设防是生产的国防，平时战时两得其利。"（百里又说到几个有趣的例子：即如五分一角五角的镍币，平时是市场流动的货币；到了战时，一收集起来，便是枪弹的信管零件。又如德国的大小洋钉，限定用哪几号，这样，飞机的零件便散布在全国。无论飞机落在何处，只要拆开桌子凳子，就可以找到合用的钉子了。这是普遍性的国防动员。）

百里也说到意大利的军事动员：罗马附近的新建筑物，须与其左邻右舍，保持相当的距离，表面上与卫生行政有关，实际也是国防计划之一部，便是由密集式化为散兵式，减少敌机加害的程度。这种新村计划，将来会有一天，实现乡村都市化和都市乡村化，都市的面积加大，一扫人口集中的弊害。（我们且看今日的大上海，不正合乎百里的都市乡村的理想吗？）当时的意大利进行军备，以发展空军为主，海军次之，陆军被搁在后。那年八月的罗马陆军大会操，还有上次欧战时所用的旧炮在内。她是一个贫穷的国家，穷人要打穷人的算盘，若是海陆空军平均发展，将一无所长，所以他们集中财力于一点，这是眼光独到之处。

他说："过去为平面战争，今后将蜕化为立体战争。平面战争以高山为险要，其（今）后险要要移于广大的平原上。炮火和飞机能够摧毁要塞或堡垒，一旦丢了一个要塞，只能退守第二个要塞。可是大平原虽被突破一点，仍可堵塞缺口，不致影响全线的。从要塞战变为野战，这是今昔战场形势的一大变动。"[①]

国防军事的报告

我们知道现代青年航空理论专家钱学森其人，他早已有了国际的声誉。他是钱均甫的儿子，均甫和百里都是清末杭州求是书院的同学，交谊很深。学森在交通大学修习机械工程，毕业后，在美国麻州大学理工科留学，习航空工程。他得了硕士学位，想改习航空理论。钱老先生在杭州听了大不以为然，认为重理论而轻实际，乃是中国士大夫的通

[①] 关于此节所述蒋百里先生的"空军独立论"观点，陶本《蒋百里先生传》还有引：（百里语）现在中国政府也闹穷，天天研究收支平衡。收支平衡有两面看法：一是对内的，一是对外的。对内不能开源只好节流，节来节去必至一事莫办，国力与民生交困。德意两国只求对外的收支平衡，关起大门来不许国富流往外国去，而在国内则来大规模的挥霍政策，正合着"肥水不落外人田"的道理。可是咱们呢，不求出口贸易之发展，不研究经济的自足自给，只要政府少用钱，不问效率如何，而财富涓涓外溢，仍无解于国民经济之危。

1935 年一年，法国用去搬家费七十亿法郎。国人以为是浪费吗？现在看起来也许是，可是法国重工业集中在巴黎，战时是敌人最好的目标，她忍痛支付这费用，也许将来看起来是很上算的。

病,他要他继续研究航空工程,不要见异思迁。父子之间,争论得很僵化。百里到美国去,知道这件事,听了学森的诉说。他回国后,见了均甫,便批评他的观念的错误。百里说:"学森的转向是对的,你的想法却落伍了。欧美各国的航空趋势,进于工程、理论一元化,工程是跟着理论走的。而且美国是一个富国,中国是一个穷国,美国造一架飞机,如果有理论上的新发现,立刻可以拆下来改造过,我们中国就做不到了。所以中国学习航空,在理论上加工是有意义的。航空毕竟是年轻的学科。"这一番话,把钱老先生的观点唤醒过来了,均甫说:"百里的头脑,一日千里,值得刮目相看的。"

这样,我们不妨重看他对于国防军事的调查报告。当时,百里在报告中,指出关于空军之价值与效用,研究的中心,在于:一、空军与陆、海军共同合作问题;二、强有力的轰炸机深入敌境攻击问题。主要的论点是:空军这种攻击是否有取得决胜的价值,或者它的数目尽多,技术尽发达而仍不免为战事中的辅助兵力。他认为要在空军进步到了一定高限度的时候,才可以确定它的应用的原则。(百里是出身陆军的军事家,他却看出空军独立的必要性。后来,在第二次大战中,英美空军受陆军的指挥,形势隔膜,机动性不大。德空军力量集中,行动迅速,显出了特殊威力,而促成了空军独立的普遍趋势。)

他的报告中,谈到"空防地理",说:国家的领土愈是广大,它的空军愈须有速率与持久力,既可以防御本国,又利于攻击他国。他指出苏联和美国是这一型的国家。至于地狭人稠、文化发达的国家,如法,如德,它们遭受空袭的危险性很大。所以这一型国家,只能利用空军来做攻守双方的内线作战,飞机速率的增加,使这种内线作战的功能更为显著。假如一国在地理上系属一面制敌,对空防很有裨益。这一型的国家,如英国、西班牙、丹麦、挪威皆是。日本东邻太平洋,其间环拱着无数小岛,也可说是这一型国家。他指出空军技术的进步,使国防的地理形势为之一变。

百里指出未来战争的三个方式：①武力战，②经济战，③宣传战。世界大战的经历教训了我们，物质是胜利的决定工具，经济战乃成为全体性战争的完整部分。他指出经济动员，包括种种部署使战争可以持久。经济动员的任务，对于原料需要之确定，及其输入与储藏、制成品——准备军用工厂的迁移以及补充品之取得，都得有计划性的安排。他说："现代战争就是给全国人民一场试验，这番考试的成绩，就决定于平时准备的成绩。换句话：战争的胜利完全在于合理的及时的准备，要把各种物质的与精神的资源组织起来，充分发挥它们的功能（战争潜能）。"而今战争的武器，日新月异，战争技术，也迅速进步，但全民族战争的军事观点，百里仍不愧为此学的先进。

（报告中对于世界上的重要动力元素：水、煤、油的分布情况，百里有详细说明，文长不录。）

百里继任陆军大学校长之日，在纪念周上，叫全场学生拿出手表来，彼此一对正，有相差一刻钟以上的。百里对他们说："要知道这一刻的时间，德国的空军，已可以飞往捷克，炸毁他们的首都了。现代战争，乃是争分争秒的战争，这一观点，大家不可不记住！"

军事运输

近来，我从这处那处看了许多"哭牛奶"的文字，他们再说得多，也还是搔不着痒处。他们一直不明白国民党军队的缺点在哪里，不知道八路军何以成功那么快？国民党军的后勤工作最腐败（时人有"把军队的军需官枪毙了，再来找他的罪状也不迟"之语），而运输的失败乃是最主要的失败。八路军并不是自天而降的，他们的士兵得吃饭、穿衣、行路的，他们的军需是怎么供应的呢？他们的病伤兵怎么料理的呢？八路军深入敌后，他们怎么获得人民的支持、掩护与爱戴的呢？这是"哭牛奶"的人所不了解的。（英谚："牛奶已经倒翻了，哭了也是没用的。"）

冯玉祥将军，说他和百里先生最后的会面，是在桂林。百里对他说："广州武汉虽然沦陷了，并不能阻止我们坚持抗战，争取最后的胜利。不过现在对爱惜物力，还作得很不够。譬如在收割稻麦、打稻麦的时候，很多的谷粒留在地上。公路凹凸不平，损坏车辆。我们应该花钱修路，让老百姓得工资，不应该等轮胎坏了，让外国人赚我们的钱。至于军事方面，不爱惜物力的事情，就更多了。顺便的时候，把这个意见，请你给委员长和各省军政长官多说说。"冯将军说百里对一个重要问题，能注意到极细微的地方，往往如此。（百里对我说到八路军，能珍惜每一颗子弹，每一颗谷粒，这是他们所以成功之处。）

百里先生对于军事运输的计划，有过一回有趣的演讲："营官二百两，长夫百八十人。"他说他在讲"总动员"时，说："总动员要从前方做到后方，不可以从后方做到前方。就是说，要先从军队辎重整顿起，然后从兵站到仓库，从仓库到后方资源地。"后来他到了欧美各国，看了他们的新式的军事制度，曾发表了《持久与速决》的论文，说："我们步兵团的火力装备同德国相等，而德国后方一团行李的车辆，就有二百八十辆之多，而且证明：要持久，必须想法使军队的运动性增加。"

接着，他在武汉撤退以后，对陆大学员讲演上述的题目，这两句话，乃是他从湘军旧制而来的。湘军看到了旗营、绿营的缺点，才定下这一制度的。这一制度，和现在世界的军制学说，自然相吻合。这是神圣不可侵犯的定律。这二句话怎么讲呢？百里解释道：营官就是现在的营长，带的兵，大约不过五百人（湘军营制）。辎重、军装行粮、长夫运之；长夫便是运输队丁夫，每百人配上了三十六人；每营必须有百八十名长夫，不得过多，也不得过少。行军不得拉夫，拉夫的处死刑。（国军抗战，却是到处拉夫，民众便离心了。）依百年前的生活程度，"二百两"是一个多大的薪水；湘军的高级幕僚，一年之间达到三百俸金，已经是最优待的了；而一个小小的营官,在那种生活水平,有此俸给,真是优异极了。他说,此中有很深的意义。因为从军制上来说,凡群众团结必定要有核心。在外国这个核心,就是"团"。湘军当时是这个"营",即含有"团"的作用;营官要将五百个人组成一个肉弹,是一件极不容易的事;他的责任太重了,所以要选拔人才发挥自己的责任心,所以要加高他的待遇。

他说:"二百两已经使我惊奇了,长夫百八十人,更使我吓了一跳,三个兵带一个输送兵,这个兵实在太舒服了。"但是,他懂得湘军领导人的主旨:"行军以不扰民为本,这个从消极的办法而完成他的用积极作用的总动员法,用意何等深远,所以说营夫不准过百八十人,也不得阙额,不达此数。这百八十名夫子,不仅完成了他军事上攻击的任务,同时还保护着国家总动员的基础。大家应该领会不扰民的意义。"

附：

"西安事变"的特客
——蒋百里先生

曹聚仁

郭增恺先生说了几段西安事变的故实，我也来补说几节。在那惊人场面中，蒋百里先生也串演过一份角色的。那年，12月初，百里先生从欧洲考察回国，11日奉命飞往西安，恰好是事变的前夕。他到西安，也住在西京招待所。下午四时，到华清池和蒋氏见了面，又赶回城中应张学良、杨虎城的公宴。在座的有蒋作宾、陈诚、卫立煌、陈继承、蒋鼎文、朱绍良、陈调元、邵元冲、万耀煌等，陕西省主席邵力子先生也与宴。第二天黎明，"兵谏"便开场了。百里先生也是一同被荷枪士兵请到客厅上去的。他说："那时客厅里挤满了一屋子的人，有倦眼惺忪的统兵大员，有刚被缴械的卫士，有睡衣拖鞋打着寒噤的要员夫人。尖风刺人，前途祸福不知，各人怀着战栗的心情，彼此面面相觑。""昨为座上客，今为阶下囚。"他们在点了名之后，都重新分配房间，在西京招待所中被软禁起来了（那天，只有那想越窗而出的邵元冲是被击毙了的）。每间屋都有人看守，彼此不许交谈。

但，百里先生却是张学良所首先访问的"特客"，有如刘备访诸葛，向之问计的。他对张氏说："今天是力的问题。在西安，你的力很够，尤其在招待所，两条枪足够应付我们，可是西安以外怎样呢？"张氏表示西安以外，他是鞭长莫及的。他又从张氏的语气中，知道蒋氏还是安全的。张氏要他移开西京招待所，住到杨虎城的公馆中去，他表示不愿意。张氏几乎天天到他那儿去就教，也向他提到端纳从南京飞到西安的事，也说到宋子文、宋美龄即将来西安的事。

后来，张氏要百里先生去劝劝蒋氏。（其实，张氏事先已取得了蒋氏的同意，不过事先没和百里说起就是了。）百里和蒋氏的一席话，才决定了派蒋鼎文往南京，还带了那封作停止轰炸三天的安排的亲笔信。蒋鼎文南飞以后，这一紧张局势，也就转变过来了（其时，周恩来氏也已到了西安，那冲动的情绪也安定下来了）。接着乃有张氏伴蒋氏回京的惊人之笔。

百里先生，那时，每天写一张明信片，寄给德国的二女，叫她们留着以为纪念。在西安的两星期，他发了很多信，写得非常轻松："飞机轧轧声，南京有人飞到西安来了。""又一轧轧声，委员长今天飞回南京去。""明天再来一声轧轧，你们的爸爸，也将离开西安这古城了。"

蒋氏回南京那天，正是圣诞节。26日，杨虎城在绥署替他们饯别。百里先生笑道："昨为阶下囚，今又座上客。"他们是27日离开西安的。

"西安事变"，一晃便是二十四年了；百里先生在抗战第二年，病逝宜山，已不及见抗战胜利，也不及见中国的新建了。

第九章　卢沟桥的炮声

> 我把百里先生比作雷渥那德·文西。文艺复兴时代的人物,都是多方面的,多方面的兴趣和光芒。
>
> ——曹聚仁评蒋百里

在我们的师友中,能够断然论定中日之间,非战争不可,而且它是长期的战争,战场一定在平汉粤汉以西的,只有百里先生一人。他和马歇尔一样,也断然论定第二次世界大战之不可避免。西安事变结束后,一九三七年春天,他奉命考察全国的军事防御。从山东、青岛、周村、泰山、济南到北平,又由北平而太原,归途经娘子关、石家庄、郑州而汉口,又转到长沙,又由衡阳而广州,而香港,而福州,对各地防务,有全面的了解。那时,福建省主席陈仪,乃是他的老友,他们对中日必战的论点是相同的。(我们对于百里的推断,那时便有几分相信了,不过,对于长期抗战的认识不够的一部分人，还有着恐日病。那时德国事军事顾问，只是战术的顾问，对于战略的决定，他们没有参与幕后决策的机会了。不过，德国顾问看了徐州的布防以及鲁南的防御工事，也就知道我军将于台儿庄迎战从胶东来的敌军的。）

　　左梅，她是日本女人，但在中日战争观点上，她是支持百里的主张，认为这是日本军阀的过错，她知道他们的侵略中国的阴谋。因此，她自己也不说日本话，也不让女儿读日文。她们一家人，说的是道地的北京话。那年夏初，百里回到了杭州。（意籍顾问史丹法尼也同行。）其时蒋介石正在杭州，彼此就详细讨论了一回。（张冲陪伴着周恩来，从西安到了杭州，也就是那几天的事；所以国共合作抗日的军事计划，百里知道得很清楚的。）在杭州，百里又和老友钱均甫见了面，均甫问他对于中日两国的和战情势，百里说："今年明年都说不定，至迟不出一年。"（我在那年夏间，开始记者生活，一半也受了百里的暗示。）

　　不久，百里便和左梅母女三人上了牯岭，参加当时的国防参政会。（这是后来的国民参政会的雏形，当时议员三十余人，有周恩来、胡适、梁漱溟等，百里也与其列。）还担任了暑期训练班的教官。接上来，便是庐山谈话会，恰碰上卢沟桥的"七七"事变。百里看明白战事的情势，他决心在这次对日战争中奉献他自己的一切。他曾对年轻军官说，"你们年轻人，活着看中国的翻身；我们老年人，该为国家拼一拼命。"

　　百里从上海到南京，那是八月十五日的事；那时，"八·一三"上海战争已经开始了。他沿公路到了南京，参与最高军事会议，知道当局的抗战决心。他就从南京电话通知左梅带着一家人离开上海到西南大后方去。九月间，左梅她们从杭州经江西到长沙；百里也已溯江而上，从汉口到了长沙。那时，百里又奉命出国到德意去作外交活动，争取军事上的援助。他就把左梅母女她们安顿在香港，嘱以必要时可到衡阳乡间暂住，这是他对中日战局第一步预测。（他预测沿海地区必被日军攻陷，日军可能进至长江黄河的中流地区。）

在中国抗战前后，国际间的矛盾情势是十分错综的。意德是日本的与国，但有军火运到中国。美国表面上是唱甚么正义的高调，而轰炸中国的飞机、汽油、炸弹，都是美国军火商所供给的。苏联的军事援助，则在抗战军事进展以后，他们的机师，代替了意大利的航空员。百里的赴意大利，和史丹法尼教授同行，当然还对墨沙里尼存着希望的。

百里动身前，把那位预定到英国去读书的第二女儿蒋雍，从香港送到衡山去参加军队工作。他要她在大变动时代身受生活上的锻炼。

条条大路通罗马

抗战初期，意德当局颇想利用在中国的军事外交的关系，操纵远东的局面，于中日战争中取利。淞沪战事后期，九国公约会议，在布鲁塞尔举行，照说可以把危机挽救过来。意大利有意不让日本出席，而他们自己以代表日本的身份出现，会中的预定调解，一切就无从说起了。日军进到南京以后，陶德曼便代表希特勒来向蒋介石游说，说是中国应该在这样不曾亡国的条件下结束战争，他说："有着山海关以内的中国就够大了。"而意大利的代办，就向汪精卫进言，在近卫三原则下谈和。这是后来汪精卫出奔的导因之一。就在这样错综捭阖的外交情势中，出国赴欧洲的百里先生，他当然也有离间德意与日本之间的结盟的动机的。他到罗马时，正在十月初旬，那时，淞沪战争正在持续中。

百里到了罗马，一看墨沙里尼的态度，和上回大不相同。上回，百里只是到意国考察，墨相和意陆军部那么盛大欢迎，还邀他参观军事演习，看待得有如友好大国的使节。这回，他以蒋介石特使身份到了罗马，墨沙里尼却避而不见，由外长齐亚诺敷衍一回便算了。百里住在史丹法尼的家中，也摸不上墨沙里尼的路门。（刘文岛住在罗马，任驻意大使，也是一筹莫展。那时，日意正签订了日意经济协定。）十月十二日，百里和齐亚诺晤面（齐亚诺，意外长，墨沙里尼女婿），齐一开口，就怪中国参加了国联对意的经济制裁，不够交情。那时，意大利侵略阿比西尼亚，和日军侵略东三省，其破坏和平的罪过是相同的；中国当然不仅是站在正义观点上应该制裁意大利，也在期待国联制裁日本的侵略，必须投这一反对票的。（至于英国站在他们的利害关系上，同意撤销对意大利的制裁，那又是一件事。）百里听了齐亚诺的话，当然明白墨沙里尼决意和日德相勾结，对中国是十分冷淡的。

他枯居细思，要打开那一僵局。十月二十日那天，由刘文岛大使出面招待他自己，由史丹法尼开单邀请意大利朝野名流作陪。华堂盛宴，百里起立致词，说到中国与古罗马在人类文明史上的供（贡）献。开口就说："条条大路通到罗马，我和世界人士一样，也找到罗马来了。"这一句话引起了全场人士的拍掌。结底说："世界古文化的国家，留存下来的并不多，大而强的只有中意两个古国。这两国历史上没有仇恨，没有斗争，直到今天，两国的政治和经济并没有甚冲突。"这番话倒把墨沙里尼吸引过来了。宴会既终，中国大使馆便接到意大利外交部的通知说："杜谦约蒋百里将军于二十五日相见。"（杜谦即"领袖"之意）

二十五日下午六时，墨沙里尼在威尼西亚宫和百里相见，这一幕颇富戏剧性的。一进宫门，身上一切金属品，都得卸下来，手表也不在例外。宫中那架电梯有特殊设备，客人身上带了金属品，便铮锵作响，电梯就停住了。黑衣相的戒备是很严密的。办公厅很大，四围布满了侍卫，只是客人看不到就是了。百里当时和墨沙里尼谈得很多，不过，这都是历史上的事，不必引述了。那天，百里送了一部《四库全书》给这位黑衣首相，于是大家在文化交流上做了许多文章，至于"主题"当然抛开了。齐亚诺就告诉百里："九国公约的前途渺茫！"他们是准备扼杀这一会议的，齐氏对百里暗示两点：①斡旋中日问题的中心在柏林，②如果中意政治路线相同，倒可以谈彼此的合作的。

在柏林的沉重情怀

当百里先生奔波于罗马柏林那一段时期，国内战局的激变，首都的陷落，以及九国公约会议的无疾而终，德意日三国军事同盟的订立，都使他的心怀非常沉重。（十一月一日，百里到了柏林，十四日又回到罗马，十七日又到柏林去。十二月中旬，百里命蒋慰堂带报告回国，慰堂到了罗马，便知南京已陷落。）

百里初到柏林，住在雅隆特饭店。程天放（那时任驻德大使）带着他的两位爱女蒋英、蒋和去看他。一年不见，英姿挺秀，十足洋派，几乎不相识了。那一晚，父女联床，谈了一整夜；在外交荆棘中，这份温情在百里是无限的安慰。不过，盱衡世局，他知道她们在柏林的日子，不会很久了。有一晚，他带了两个女儿看了《哈姆莱特》悲剧，恍然有感，觉得日本人性格，有着"哈姆莱特"影子。那篇有名的《日本人》的论文，就是这么触发而来的。

他曾在柏林郊外，租了两间房子，住了些日子，那一时期他曾和白伦堡将军、麦刚森上将见了面，也访问了李宾特洛甫和戈林，这都是希特勒的左右手。戈林是有名的戏剧性人物（绰号"怪雷神"），满身都是勋章，百里也奉送了中国所赠与的一等勋章。在应对上，戈林倒不像墨索里尼那么狡猾，开宗明义就是说中日都是他们的好朋友，中日战争使得德国左右为难。他说要把握时机做中日两国间的调人。（这便是陶德曼向蒋介石进言调处的伏线。）

戈林和百里之间，有一场有趣的舌辩：戈林引用一句德国的俗语："一个人吃了苦头，就会找到魔鬼。"他认为苏联和日本在国防上对立，历史上有累积的仇恨，苏联是日本的假想敌。他说："日本的反共是诚意的，中国得听友人的忠告，不要去找魔鬼。"百里兜了圈子，指出日本军阀主要目标在侵略中国，其它都是幌子。他指出广田说过："有我广田在，日苏战争决不会发生。"日本和德意订立防共协议，广田秘密通知苏联驻日大使，说是："此约乃是对英，并非对苏联。"苏大使也就把这段话在报纸上公开出来。百里认为日本对西比利亚的兴趣，不若对西南太平洋的浓厚，因为这是争阳光、争资源的战争。日本毕竟南进，倒是百里说对了。

德国的远东政策，在威廉第二时代，就有联中抗日的蓝图。清末民初的幕后接触，百里亲与其事，知道得很清楚的。不过第一次世界大战以后，国际情势的演变，倒使德国和日本相接近了。不过戈林说得很爽快，日本责怪德国出售军火给中国，他说："我们要外汇，日本拿外汇来，我们也卖给你们！"

在中国受到日本军阀践踏时，曾经对国际联盟寄了希望，希特勒却把"国联"看得一钱不值。他说："国联是一根稻草，中国想抓住这根稻草过河吗？"当年的"国联"，有如今日的"联合国"一般，只是英美法的工具。百里对国际情势的观察，暗合于辩证逻辑，自比一般人高一筹的。[一位法国记者说："日内瓦碧绿的树林里，露出半截白石砌成的宫殿，远远地望去，辨不明白到底是和平之宫或和平之墓；走近一看，才知道这是一所奢华的病院，一进门就听沉痛的叫喊，尤其是受了空袭的残骸，叫喊得格外惨痛（中国和西班牙）。内中有几位医生，也曾抚摸一下以示慰藉。如果连叫喊的资格也没有的（如阿比西尼亚），就用实验方法证明它已经死了。"百里最欣赏这一段讽刺的语。]

在欧洲，百里已经看明白，第二次世界大战之难于避免。中日战争将与世界战争合流，这是百里逝世前一年所看到的，所以他留下了"胜也罢，败也罢，就是不要同它讲和"的名句。

在巴黎的一页

百里在柏林那一段时期,轴心国的野心,已经很显露了。希特勒、墨沙里尼心目中的中日力量,自有一种估计;在他们征服世界的蓝图中,他们要日本军阀牵制英、美、苏的力量,当然要踢开中国了。他知道难于挽回这一情势,而陶德曼对蒋介石的进言,并未为蒋所接受,中德邦交,也起了激变;百里只得离开柏林,到巴黎去了。(到巴黎去以前,百里还巡游了汉堡、慕尼黑,又到布鲁塞尔和伦敦。他决定一到巴黎,便回国了。他原和英、和二女同行,只因英的音乐课程,恰在重要阶段,只好将她一人留在柏林,带了和女回国。)

他们离柏林时,百里忽问和女:"在柏林可有未了的心愿?"她说:"在柏林,我交了一个知心的女同学,每逢假期,总是住在她们家中。那同学叫爱尔克,她的父母把蒋和看作自己的女儿的一般,他们替她们买了两匹马,让她们一同爬山滑雪,探林行猎。我曾向爱尔克说过:将来请她到我们家中去住,她听了高兴得很。我一走,她一定大失望了。"百里听了说:"傻孩子!我们的家离开柏林太远了,国际局势又这么紧张,怎么行?"他想了一想,"好吧,就请她一同到巴黎去玩些日子吧。"他就写信给爱尔克的父母,提到这一建议,爱尔克从来没出过国门,听说带她到巴黎,高兴得跳起来。因此,百里回巴黎,就带了两个女孩子。

百里在巴黎,一早起身,研究拿破仑的兵法,整理法国兵学图书馆中的文献;两个女孩子,天天读法文,陪着他。午后离寓去应酬,先后访问过勒蒲仑(总统)、达拉第(总理)和甘木林将军(国防部长)。他知道法当局对德国的野心勃勃,颇有戒心。可是法国朝野,熙熙以乐,生活非常颓废,前途是可忧虑的。公事酬酢以外,他就陪着这两个女孩子闲游巴黎,这两个女孩子所心醉的花都。

爱尔克,她年纪虽轻,却也对法国人生活和她们自己德国人的显著差别，颇觉惊异。她说："我们德国人那么紧张，法国人呢，就这么悠闲。"百里和她说到德法之间的历史，正如中日之间，也是邻国，生活方式也这么大不相同的。法国人坐咖啡馆，一整天那么坐下去，也和中国人坐茶馆一样。正闲谈中，百里准备和她们去游河，恰好日本驻法大使也带着女儿在租船。那位日本大使和百里是熟人，虽不交谈，还相互打了招呼。那日本女孩子却和蒋和怒目以视，有如冤家狭路。百里觉得法德之间的民族仇恨，也是这么触发起来的。他看了爱尔克，轻轻叹息了一回。他想，大屠杀的场面正在开始，世界大同的梦，还渺茫得很呢！

在塞纳河上，拿破仑的墓坟，引起她们的兴趣，朱红色的石棺，中有拿翁的宝剑和约瑟芬的钻石。拿破仑石像，他的双睛，俯视塞纳河流。他对她们说到拿破仑生前掌故以及拿破仑所代表的法兰西精神。不过，他也想不到"巴黎的沦落"竟是眼前的事，希特勒的铁骑又在塞纳河上出现了。

到了一九三八年初夏，百里送爱尔克回到柏林，便和和女一同经马赛乘轮回国。途中传来台儿庄军事胜利的消息，船长举杯向百里父女及中国旅客致贺。百里慨然对和女说："国际间，甚么都靠实力。有一分实力，别人就会敬重你一分，你们年轻人，该牢牢记在心头！"

《日本人》，那故事的内幕

开头，我说到抗战初期，在大公报发表的《日本人——一个外国人的研究》，乃是百里访问了欧洲回来在武汉发表的轰动一时的文章，这篇文章是会垂之不朽的。昨天，我重读张禾草的日记，这故事是有许多有趣的内幕的，那是百里对禾草闲谈中所提及的。（禾草乃是张宗祥的侄儿。这篇论文附在本书末卷。）

百里说："你们也许还不了解里面的含义吧？这完全是一段象征的描

写：'十一月十一'，就是我在柏林得到电报，知道南京危急的消息的一天。'心里胡思乱想'，就是象征首都沦陷后为国家想到军事政治将来的困难。'又是旧习惯不适于新环境'，就是暗示中国几百年来文化的失败。'看手表不过五点，但忘记了柏林冬天的早黑'，就是柏林的冬天，老是晦冥得辨别不出甚么时候，'结果迷失了道路……找不到回家的路，不免有点心慌'，就是描写现在对于国家危险的一种心境。'但是远远地望见了一个灯，只好向着灯光走，找人家问路，哪知道灯光在小湖对面'，就是象征着在文艺复兴史里面所说的意义有一个同样的观点。'又沿湖绕了一个大圈，才到目的地'，就是象征要达到这曙光，中间还要费许多的努力。'居然出来了一位老者'，那就是艾斯德先生（Erstere）。艾斯德，我们平常叫他艾先生的。艾先生是驻扎在青岛的一位舰队长，日俄之战，他被日本俘虏了去，俘虏了三年多。在那时期，他就在日本暗地研究这个谜样的国家，他还研究日本的古代，因而研究到与日本文化渊源有关的汉学，所以他着实会说得中国话。后来，他回到了德国，对日本与东方问题，写了一点最有价值的东西。如今他大概已经六十多岁了，现在正在担任西门子海外事业部部长，与我有相当的交谊，曾经几次和我谈到日本，都能够说到日本人的骨髓里去。"这些线索，要不是百里自己说了，我们也不会明白的；当时，称许百里这文章的人，也摸不清头绪的。（有人还以为是郭沫若先生所写的。）

（陶菊隐先生，对这一篇文章的内幕，有所补充。"冬天枝叶凋零的树，湖里漾着星星的灯光，路是一片黑，这景物也并非空中楼阁，就是柏林郊外'无愁宫'的写照。这所法国式的建筑物，还是威廉大帝的消夏别墅，屹立于一片蓊郁的柏树林内，百里常在这里看秋天的红叶。宫外一面临湖，湖心的孔雀岛，相传有孔雀从远处飞栖于此。百里泛舟其间，或与二三友人举行野宴，他有一个德国老朋友带了他的孙女儿就住在这里。这老人也是中国迷，有东方式的客厅和中国贡香、绣件、瓷器、古钱等。德国人大半都是饮啤酒的，脸色红润，像婴儿一样。在德国所见的老者，几乎人人都是童颜鹤发的仙人。另有一个德籍老教授，久居北平，不愿回国，是个极端亲华的中国通，也是百里在北平时往（来）最密切的朋友。他的儿媳妇，就是中国人。")

百里说："日本这个国家，除开两个特点，其它都是很虚空的，不值得推崇的。那两个特点就是女人当看护，男人当侦探。日本的女看护，真是像钻在病人身里的脑子，为了看护病人，真会不顾一切发疯似的为看护而牺牲的。男人呢，他们为了生存在时时刻刻防备人家的必要，这是他们三百年来锻炼成功的一种特性。所以侦探小说，日本从古就有，他们还有几种做贼的教科书，名为'忍耐'。"

百里的《日本人》写得好，骂得好；但骂得使日本人看了，也非佩服不可的。

"西安事变"余话

我在前面，说了百里先生串演了西安事变的"囚犯军师"角色，最近，从另外文献中，又找了一些有趣的史料，再来写一段余话。

西安事变的城中枪声，打死了招待所中的邵元冲，上文也已提及了。后来四十九军一〇三师在淞沪战线作战，邵夫人张默君便散发传单，攻击刘多荃将军的军风纪，其意即是为夫报仇。因为刘将军的一〇三师，乃是张学良的警卫师，发动西安事变的就是他们那一师。张学良幽居以后，这一师也就改编了。可是，这一师的武器特别好，战斗兵多而精壮，纪律也颇好，抗战中也发挥了威力。邵夫人的话是不可信的。

我在江西抚河前线，和刘将军谈得很多，很痛快，曾经谈到对于东北问题的感想。他说："东北人物新新旧旧，短短长长，总而言之，他们对于认识时代，眼光不够。当时所注意的，是如何应付关内的局面，一种对关内的外交。应付敌人的外交,有几十年老文章可抄:一贯的小处吃点亏,大处拖了再说;想不到敌方的野心是这么大。军人之中,和老师同辈的如汤玉麟、张作相那些人,年纪老了,精神不行,都应付不了这个大变局。张学良的精神也很不行,不敢下决心。就东北军的地位说,'九·一八'那天即算不能抵抗,后来在锦州线上,应当不计成败拼一拼的。事前没有计划,临事没有决心,就一直那么糟下去。等到汉卿从欧洲回国,身体恢复了健康,精神也振作起来了。可是他在国内所受的刺激,使他精神上有点儿变态;他凝集于一种想望,只有对敌作战,才可以恢复他过去的声名和地位。"他曾曲曲折折叙述他所知道的西安事变的演进,他把张学良的矛盾的心理以及政客们错综的线索剖析得很清楚。他自己则是被老派看作是新派,又被急进的看作落了伍的夹板中人物,另有一种苦闷。因此,邵夫人那么攻击他,他也只是一叹置之。

打中邵元冲那一枪,百里是听得很清楚的,有人说到邵元冲到西安的动机。百里说:"是的,这事又滑稽,又可怜,也许是近乎有鬼在作祟的。那时有三个人到西安去是同样的动机,但是邵元冲的遭遇最惨。他住的房间本来是陈辞修住的。九日,陈司令到洛阳去,邵就搬了进去。这间房间,在招待所中,比较最好的,后窗外还有一间小屋。陈司令从洛阳回来了,并不叫他让出来,就在靠右边极端的一间住了下来。出事时,正是天还没有亮透,东方微曦,一听见枪声,士兵就进招待所来搜索了。我的房间靠厕所旁边,因为我没带行李,我的惯常又是住房间,不喜欢关房门的;从外面望进来,又黑,又空,又静。这间房就没引起士兵的注意,所以第一次,士兵闯进招待所来,并没到我的房间。邵元冲呢,就因为后窗外有小屋,屋顶上是个出路。大概他看了有出路,于是就跳了出去,在露台上沿边一望,其意想逃去。他的影子在微曦中被卫兵发现了目标,一枪打过来,他就应声而倒了。

百里说,顶紧张时,顶危险倒是陈辞修,幸亏他机警,不走前门,从后门兜转去,躲在一座衣橱里。卫兵们煞费苦心,才算找到他。他们在衣橱中发现他时,道:"哦,我们找你,找了不少时候了。"他的发现,还害在一个大胖子厨师,躲在他隔壁的一个大柜子里,因惊骇而抖动,才被发现的。在那时,陈辞修实在受了一番虚惊了。

百里也说到何柱国和张学良一同去看他。他对他们说:"主张,在没曾成功前,就不能说好不好;成功了才能说。西安决不是一个抗战的地方。要谈抗日,到东面去;你们现在要谈也可以,全部军队,跟我一块儿到郑州去好了。"

第十章　从战争中锻炼生活

  百里的治事的精神我知道的不多。其治学精神我所佩服的是他读书必有新见解，且能得其要点，非过目不忘的人所能及。

——张君劢

  百里先生不是幻想的乐观派，也不是虚妄的悲观派。他是从抗战过程中，看到中华民族的新生，他是要年轻一代在战争中锻炼自己的生活。

  德国顾问团走了，有的着急地问他：我国军事上会不会发生影响？有的轻松地说：顾问本无大用处，走了也罢。他对此事发生无限的感慨。原来聘用德国顾问这一件事，是想在国际地位中建立一真正的现代的军事基础。百里说："第一，不用着急，军事家不单是德国专有，英美苏法，俯拾即是，倒是要建立真正的现代军事基础的观念可宝贵，我们应当体会着。第二，更不可看得轻松。本来顾问是外国人，有没有用处，看我们自己的能力如何。自己有能力，顾问就有用处；没有能力就没有用。我们要用固有的同化力，取攻势的迎头赶上，万不可自作聪明装老腔，说什么中外形势不同，而将军事制度上的建设停滞下去。"

百里说："抗战就是替我们造成了一个有目共赏、公平无私的分别贤奸的天平架。敌人是最公平不过的，在那里考试我们。我们有办法，肯拼命，能够意志坚强，心气和平，敌人就会用他们自己的血，把我们做的文章红圈子密密的圈起来。同时还有外国新闻记者一字一句的，不惜电报高价向世界报告着，同时，还有本国的老百姓手舞足蹈的向他们儿孙演讲着。"

他又说过，这次抗战中间考试作用以外，还有一种特别的排泄的妙用。大家知道人类有一种病，名曰癌，这不是外来的一种微菌，而是自己变坏的细胞。这种细胞如果停顿在身体里面，必定成一种不治之症。一个民族同一个人一样，有了坏细胞，没法排泄出去，是最危险不过的。如今敌人却送我们一种妙药，替我们分别贤奸，将那种毒细胞尽量吸收去了，使我们民族的血液，加一层的干净健康（指伪组织中的汉奸），我们试一回想，如果没有这抗战，那真多么危险！①

百里又说："这一次抗战最大的成果是，为社会，替理想与实际造了一条沟渠；为个人，是在纯朴的心灵与敏活的官能间造了一条桥梁。前者见之于东北学生之南投，后者见之于西南民族之接受新事物。轰雷掣电地给予了将来负大任的人们一个动心忍性的大锻炼。"

百里说到，五十年前，骂八股先生的无用，就是因为他们的线装书里，虽满装着"修齐治平"，但是他们只须经过书房、考棚、衙门，就可以负责担当国家的大事。三十年来，线装书换了蝴蝶装（里面也有主义，也有公式），但也只要经过寄宿舍、轮船火车、宫殿式的洋房这三个关门。他们没有吃过杂粮，没有住过猪圈，总之他们没有与民众共同生活过。这

---

① 此部分观点是出自下节所提到的《抗战一年之前因后果》。

种缺点，一百回的讲演是改不过来的。因为讲演也不过靠着书本做宣传。五四运动以后，已经有"到民间去"的一个口号，但是实际上能有几个？这不是说青年没志气，事实上环境不许可。可是抗战以来，沿海各学校的教授学生，事实上不能不向内地走。（他有一位世妹，那年二十一岁，也能背上五十斤背包，一天走上八十里，从江西逃出来。）战地紧张的地方，更不能逃难，更不能不求工作，靠家庭读书不可能了，于是给知识青年一种实际经验。而这一种经验，在一种悲愤兴奋状态之下体验着，不是春季的游山旅行，是客观的社会测验。这正是孟子所谓"动心忍性，增益其所不能"了。这是一种生理心理上的自然锻炼。

"悲观与乐观""抗战之前因后果"

百里先生，从欧洲回到武汉，日军已在扣武汉的大门了，抗战已快一年了。他的兴趣却很高，替大公报写了许多专栏，除了《日本人》是最有名的一篇，还有《抗战一年之前因与后果》，也是传诵一时的。这篇专论的动机，倒是他的女儿蒋和所引起来的。那时，她和父亲在轮船甲板上散步，偶然引起了一点感想，她说："爸爸，我们中国人，有的自尊心太过，有的自卑心太深，我以为这些都是要不得的。我们打日本鬼子，就应该老老实实打下去，打胜了，不必趾高气扬，打败了也毋庸垂头丧气，战争终有一天会了结。我们深信中国不会亡在日本人的手中的。你何不把这一点意思说给普天下人士听呢？"百里倒觉和女这点意思颇不错，他一路构思，到了香港，便在九龙饭店（今已拆掉在重建中），草成了全文的轮廓。到了九月十四日，才在汉口完成的。这篇文章颇长，我在这儿闲谈，当然不能称引了。（可看当年汉口、重庆的《大公报》）

百里说："一个民族，受了打击，能反躬自省，举出自己的弱点，本是极好的事。但二三十年来，士大夫的种种悲观论调，却另有两种卑劣的心理：一是自己抬轿，把人家骂得一钱不值，以表示他自己的了不得；一是自己诿过，什么事作不动，都是人家不好，从骂老百姓起，一直骂到他自己的祖宗。如果将这一种悲观论集合起来，那是华族早就十足地具备了亡国的资格；而现在铁的事实摆在眼前，这抗战一年，竟可说是历史上的奇迹与突变。反之，乐观论者也不可以将这抗战一年的事实，看得太轻松；前方的血，后方的汗，一点一滴的流出来；这不是单靠着几场演说，几本小册子，几张图画所能做到的。他必定有一个更大的原动力。有了这原动力，才能前仆后继的死而无悔，早作夜思的劳而不怨。"他说："这次抗战是三千年以前下的种子，经过了种种的培养，到现在才正当的发了芽，开了花，而将来还要结着世界上未曾有的美果。"（这"美果"，我们已经看到了。他在前因中，指出了汉族的同化力与抵抗力。）

在"后果"中他说了一段最精彩的话："真命天子出来了，这不是深山大泽的篝火孤鸣，这不是豆棚瓜架下的蛇神牛鬼，这是社会演进的必然性，这是生存竞争的铁则。究竟这个真命天子是谁呢？我说就是顾亭林之所谓'匹夫'，分言之即一个一个的老百姓，合言之即整个的民族，夫是之谓'民'，夫是之谓'主'。"他说："有一句唐诗大家可以咀嚼一下：'草色遥看近却无。'你们如果到乡间，只看见农民的愚蠢与破产的悲惨，你们如果到工厂里或立在码头上，只看见劳力者的不秩序与不整洁，这所谓'近却无'；但是你如果飞在五千尺高空作鸟瞰，你如果立在昆仑山顶东望，包你有一幅锦绣山河，活活的现在面前。观察一个多数的大集团的发展，最紧要的就是不能近视。若实说罢，大群演变的趋势，没有先见的慧眼是看不出来的。"他的话，富有暗示性，由今看来，他的话正是先知的预言。

正如百里所说的："谈过去，可以证诸事实，事实为人人所共见，故使人了解易。谈将来，只能求诸想象力，想象力为一人所独创，故与人共证难；况且能了解过去，不过是一种说明，一种学问，不能激发成为行为，而有益于实际者少，所谓历史之所教训于人者，如人类不受历史之教训是也。能印证未来，则可以使现在的行为得一种标准，而为将来之成功，更得一层保障。故实际上印证未来之重要，甚于过去，但是'曲突徙薪无恩泽，焦头烂额为上客'，又是社会最容易犯的错误。"

百里说："我不是仙人，卜课的也未必课课皆准，用十几年前的老话，来证明我现在悬测之不谬。就是说：许多人带了近视眼镜，我不能把他眼镜去掉，带他到野外，他还是看不见草色，只好拉几根黄茅送到他面前去。"

"英雄跳，我们笑！"

百里先生病逝宜山，那是一九三八年的事。我们且看看他对于欧洲战局，第二次世界大战的预言。（二次大战发生在他的身后一年。）

他说："我们读欧洲史，终替大陆上英雄抱不平，尤其是陆军军人，仿佛是命运的注定，无论他在大陆上发怎样大的威力，结果终为海上的魔王所打倒。最奇怪的，譬如一个陷人坑，第一位英雄走上那条路，掉了下去；第二位英雄自作聪明，绕来绕去，仍走上了那条路，一样陷了进去。最奇怪的，他实际上竟是亦步亦趋，循着前人足迹，丝毫不爽的走入那个陷阱中间。这真是命定的吗？欲攻海国，先从大陆国入手。拿破仑的根本敌人是英国，但他奈何英国不得，便拿俄国出气，结果，一代英名断送在莫斯科。法国人完了，德国人起来，威廉二世的世界政策，明明白白是对英国的，但作战也须先从俄国入手。他把俄国打败了，但染上了传染病，自己也倒了。英国这个海上王，是不是历史上注定为永久不可抗的么？荷兰、西班牙都曾做过一次海上王，所以一定说海上王的宝座，为万世不易，我们不信。但很奇怪，大陆英雄终照旧日方式，送掉了自己性命。这方式就是欲攻英，先攻俄。从阿比西尼亚包抄埃及、自比拿破仑远征埃及来得高明。从大西洋上迂回进攻西班牙，比之德人卡来横渡北海，发动潜艇政策为得计。但西班牙的重心在地中海方面，而不在大西洋方面，这一条路线，对于法国也是一个致命的伤，因此一下寻到了两个敌人。我们从前不懂苏联有多大本领，有多少飞机，能不断运到西班牙去，现在才知道俄国军火都从达达内尔（今译为达达尼尔）海峡经过英国手里放出来的。苏联也明白知道，战斗员只有八千，宣传员却有二万四千。北方的大熊，在他广大的巢穴里，从容地剥食他的果实，打着会心的微笑。这不是替希特勒算定终身了吗？"

当百里先生从考察欧洲军事回来时，他在战略上有如次的认识。他说："法国战术家认为攻击有两个基础条件：一为运动，一为射击（火力）。飞机出现以还（来），技术上的进步一日千里，如今空军已单独成为一个作战单位；同时向来最缺乏运动性的迟缓的炮兵，经过摩托化并有坦克战车的发明以后，它的速度也超过了从前几十倍。空军中的重轰炸机，将来速度可与驱逐机相等。欧战后的军事发展，专在运动性方面，而火力又跟随运动性的增加而增加。单从战斗的工具来说，各国都是向着'速'字上用功夫。因此，现代战略的趋势，也自然向速决方面走去。但从整个国家的立场说来，即从所谓全民战争的范围说来，到各国，尤其是持久战失败的德国，就注重在'持久'两字；风行一世的自给主义，便是持久战的根本政策。不过，文章是要从反面看的，我们不能据此认为各国如今以守势为国策。须知他们一方面高谈持久，然而各种战斗方式，莫不趋向速决的方面，而持久却是达到速决的一个斗径。全民战争的痛苦太深久，负担也是太重了，所以政治家对于民众的要求虽为持久，军事家对国家的义务则取速决。德法两国国境建筑的要塞，目的在掩护动员，决不想在那里死守。当年凡尔登的北区，正留有一个攻势地带，如今德国积极修筑高速度行军的国道，也正在守势中间寄托着一个攻势。总之，现在欧洲军事的方向，固然趋于速决，而政治的痛苦与经济的困难，则在于不能持久。他们苦心孤诣的经营，便在寻求速决与持久的平衡，要从此中发现一条新路，他们要求速决，所以不能讲持久，速决是目的，持久是手段。"

由此，百里看到自己的抗战情势，说："欧洲的问题是不久则不速，我们的问题是不速则不久。我以为我们固然要求持久战，但其先决条件，便是要使军备增加运动性，因为我们要以持久为目的，须以速决为手段。"

游击战

抗战初期，一般人所熟知的军事术语中，有"机械化"、"游击战"二语。有人夸张日军是机械化的，其实日军并未机械化；"机械化"了的那几个师团，都不曾在中国战场使用过。近卫师团到过广西南宁，也不曾投入作战。我们也有机械化师，即二〇〇师，但指挥二〇〇师在兰封作战的薛伯陵将军，他就不明白摩托化骑兵乃是机械化部队的触须；他把摩托化骑兵挖出来独立使用，便把二〇〇师的运动作战力减低了。因此，在武汉会战初期，二〇〇师移去江西樟树、高安线上，和十三军相配合，为总后备队。那时，百里先生任陆军大学校长，开始调训机械化部队下级干部。苏联军事顾问也就参加十三军的战术调整工作。一方面，军事当局就在湘西着手游击队的干部训练，又把新四军指挥部，从南昌移往皖南南陵，担负苏南地区的游击任务。在研讨游击战术中，百里也有过他的供（贡）献。（这一时期的文献，由于内战发生后，很多人有种种误解，我在这儿写往史，不能不如实写出来。）

百里所介绍的，乃是德国亨斯少校的游击新战术。亨斯少校，本来是德国国社党创办人之一，当法军占领鲁尔时，他曾亲自指挥游击，积有实际经验。后来他和国社党意见不相合，乃正式转入军籍，隐于下僚。他在国防部担任情报搜索工作。他主张中、德、苏联三国互相亲善，掌握大陆，且谓德国非联苏不足以对英法，俾士麦的外交政策，仍为德人将来不能不走的路线。这一观点,也正代表德军人一部分的主张。亨斯谓:"游击战之方式有二:一为俄国已经应用之旧方式。(往年西班牙及今日中国所试用者。捻军所谓'以走胜之',也是这一型战法。)一为德国自鲁尔被占后实验所得之新方式。苏俄方式成功于对付白俄及联军时代。但,当年我们(德人)曾采取这一战法,用于鲁尔区,即遭失败。盖对于组织严密、后方勤务完备之敌人,即失其效用,而自身之损失又太大了"。百里谓:"此说甚是。但中国北部区域广大,交通不便,苏俄方式仍可应用。惟中国南部及沿海一带,最适宜于新式游击战法。"

亨斯少校所谓"新游击战法",不在于用武器,使敌方无法检查,不需多数人,我方给养可减少而效力则甚大。利用科学作战,使敌之作战器材日就减少,终于溃灭是也。他说:"游击战原为整个战斗指挥中一种有价值的辅助作战方法,其所注重的并非完全对于敌人之主力,而在对于敌人后方联络之作战。游击战不在乎人数之众,及队伍之密集,但应以使用专门人员及突击为标准。"(德法意各国,都在军校附设游击战专科,三个月毕业。)(这是传记文字,关于亨斯少校游击的新法,文繁不录。)

在武汉战争的重要阶段,他曾对我们说:"军事上守据点,我们只能以'时间'与'数量'来推测断定如何如何,就不合军事学校的原则。敌人以最大力量来攻,我们也以最大力量来守;其次是时间问题,谁能支持到最后的时间,即谁胜利。即如凡尔登一战,联军统帅也不敢判断他的一定胜或一定败的。"

"新"与"故"

一位朋友写信给我,问我的军事知识怎么学得的?我说:"我并非学得的。而是'熏'得的。有一位在京剧团做行政事务工作的某君,他和朋友们闲谈,从京剧的角色流派、动作、唱腔一直谈到某些历史掌故,说得滔滔不绝，头头是道。朋友们问他这一套知识是怎么学来的？他说：'在剧团里天天听的，看的，说的都是这一套，不用学，慢慢熏，也就熏会了。'我所谓'熏'也就是这么一种意思。"

百里先生是会讲故事、爱讲故事的人。我且引述他所说的几个现代军事趋势的故事：先从普法战争说起，第一件，是师丹这一仗，拿破仑第三，以皇帝名号，竟投降到威廉一世之下做俘虏。他投降的时候，说一句话："我以为我的炮兵是最好的，哪知道实在是远不及普鲁士，所以打败了。"拿破仑第三倒了，法国军人，可是镂心刻骨记得这句话，于是竭忠尽智的十几年工夫，就发明了新的管退炮。这种快炮，在十九世纪末，震动了欧洲的军事技术家，德国也自愧不如；所以改良了管退炮之外，还创造了野战炮，来压倒它。但是俗话说得好："皇天不负苦心人。"法国军人以眼泪和心血发明的东西，到底有一天扬眉吐气。时为马仑战役之前，德国第一军、第二军从北方向南，第三军从东北向西，用螃蟹阵的形式，想把法国左翼的第五军夹住了，整个地解决它。法国左翼知道危险，向南退却，德军却拼命地追。在这个危急期中，法军第五军右翼的后卫，有一旅炮兵乘德国野战重炮不能赶到之前，运用他的轻灵敏捷的真本领，将全旅炮火摧毁了德国一师之众；横施的追击不成功，害得今天鲁屯道夫老将军，还在那里叹气说："谁知道法国拼命后退，包围政策不能成功。"（《全体性战争论》）而贝当将军，因此一役，却造成了他将来总司令之基础。所以拿破仑三世败战是"故"，管退炮的发明是"新"，由管退炮而发展到野战重炮，是由"新"，而后"故"。而法人善于运用野炮，收意外的奇功，则又是"故"而翻"新"。

普法战争的时候，铁道在欧洲已经有三十几年的历史了。老毛奇领会了拿破仑一世之用兵原理，便十二分注意到铁路的应用，将动员与集中（战略展开）两件事，划分得清清楚楚。于是大军集中，没有半点阻碍。法国当时，也有铁路，也知道铁路运输迅速，却将它来做政治宣传材料（法国当时想从速进兵来茵，使南德听他指挥），不曾把他组织的运用、动员与集中混在一起。预备兵拿不到枪就开到前线，拿了枪，又到后方来取军装，闹得一（塌）糊涂。所以宣战在德国之先，备战却在德国之后，法国的主力军，不到两个月就被德军解决，这是法国军人的奇耻大辱。所以，战后法国就添设动员局，参谋部也拼命研究铁道运输法，结果不仅追上了德国，而且超过它。发明一件东西，名曰调节车站制，这调节车站的作用是怎样的呢？譬如郑州，是"陇海"、"京汉"铁路的交叉点，这郑州是天然的调节车站。这个站上，有总司令派的一位将官，名曰调节站司令官，底下有许多部下，必要时还有军队（为保护之用）。部下幕僚多的时候可以上千。他们管辖的路线，有一定区域，在他桌上有一张图；凡区域内的车辆（此外军需品不用说），时时刻刻的位置，一看就可以明白；所以总司令部，调动军队的命令，不直接给军长、师长，而直接下于调节站司令官。站司令官接了总司令的命令，立刻就编成了军队输送计划，这张计划，只有站司令部知道，这种办法，不仅是简捷便利，而且能保守秘密。这是欧洲大战前法国极秘密的一件鸿宝，果然到了马仑一役，发挥了大作用。福煦将军之第九军，就是从南部战线上抽调回来而编成的，要是没有这调节站的组织，南部战线抽出来的军队，赶不上救巴黎，战败之数就难说了。所以铁路创造了三十年是"故"，毛奇却活用了，成了他的"新"战略。法国人又从毛奇运用法中，推陈出新地创造了调节站，把老师打倒，可见是有志气的国民。吃了亏，他肯反省，不仅有虚心地模仿人家，而且从模仿中，还要青出于蓝的求新路呢！

第十一章　作军师的条件

> 中国军事由老粗掌兵到现代化的阶段,由文人指挥而专门家(军官学生)指挥的阶段,有一人焉,对中国历史文化富于研究,对世界潮流洞若观火,见得到说得出,眼、耳、脑、笔并用而能纲举目张的,恐怕只有百里先生一人了。
>
> ——李小川

抗战第二年夏天,我随军到了上高(江西)。某师参谋长 G 君是我的至亲。他们那一军,一面是右翼预备队,一面是在整训。苏联军官顾问团派了一组在军中工作,顾问团的翻译 D 君是我的朋友。因此,我虽是随军记者,可以参与他们的会谈。那位苏联军事顾问问 G 参谋长:"你为什么不能作最后的决定?"依欧美军队的成例,在作战行动上,参谋长有着最高的权力。即如马因河之战,德国的少校参谋,就指挥了右翼大兵团的攻击。在中国,参谋长只是军师长的僚属,指挥作战,还是得听命于军师长的。D君对我说:"苏联顾问是不明白中国的情形的。"

那时,百里先生正在继任陆军大学校长,陆大正是培植参谋人才的学校。百里就任的演讲中,说到"军师"的条件,(军事当局对百里说:"在今日,用不着高深的学理,我需要一种态度严肃,精神饱满的军人。")说:"本校目的是养成参谋人才,进化为高级指挥官。'参谋'二字是从日本译来的。我们中国原来就有两个这样职位的名称,你们知道么?"(学生答:"军师"。)"还有呢?"(学生答:"幕宾"。)"不错,不错,是军师,是幕宾。你们要研究日俄战史、普法战史、欧洲战史等,我想你们现在研究战史,就等于看小说。但与其看外国小说,还不如看中国小说,问题在你们会不会看。《封神榜》、《楚汉春秋》、《三国演义》诸书,你们想必看过;'军师'二字,就出在这三部小说里面。中国最古的参谋总长要算姜太公(吕尚)。所谓'师尚父',封神榜里面,写得何等有声有色。其后就是黄石公给张良一卷《太公兵法》,并且对他说:'读此,可为王者师。'这是'军师'二字的来源。这么一看,参谋长便是司令官的先生。但怎样才能做先生呢?你看,姜太公穷到那个地步,还在那里安心钓鱼,宁可钓鱼,不愿自己出来谋差事。一定要等到文王找他,才肯出来。他不想升官发财,不肯到处钻门子,这是所谓'品'。姜太公的历史,太古老了,考据不甚明白,最可做模范的还是张良。"

"把参谋职务看得最真切的是汉高祖。他说:'运筹帷幄之中,决胜千里之外,吾不如子房。'我们且看这位模范参谋长培养法(指张良),第一、他家世相韩,韩亡后,散尽家财,誓为韩国复仇,摇身一变,把一个文弱书生,变成雄赳赳的暗杀党首领(博浪椎)。他最初就肯'牺牲自己为了大众',这就是武德之锻炼,这就是军人,这就是意志坚定。及了格,所以黄石公才肯教训他;要他替他穿鞋,骂他,是教他能忍耐。有勇气的人能忍耐了,才算真是可教。牺牲自己,为了大众,是张良的一贯精神;他的目的,始终在于为韩报仇,不仅没有功名心,等到天下大事大定之后，他便摆脱一切，从赤松子游。这是他没有功名心的一种表现。"

"张良的无我精神，直接传授到诸葛亮，诸葛亮说：'臣本布衣，躬耕于南阳。'这等于太公钓鱼，就是说'不必找事，我有饭吃'。他抱定主意'苟全性命于乱世，不求闻达于诸侯'，一定要刘备三顾茅庐，然后才感激，才驰驱。但他不出茅庐则已，既出茅庐，于感激驰驱之后，人家把皇帝送给他做，他也不做。先生托孤时说：'孺子可抚则抚之，不可抚，君自取之。'他却报之以'鞠躬尽瘁，死而后已'。他临死的时候，还给后人以极大的教训，就是'臣家有桑八百株，不使内有余帛，外有余财以报陛下'。这是何等的伟大，又是何等的道德！"

"知"与"能"

中国的士大夫，一向有做帝王师的愿望，却也只有做帝王师这一个愿望。东阳少年杀其令，相聚数千人，强立陈婴为王；陈婴母谓婴曰："自我为汝家妇，未闻汝先古之有贵者，今暴得大名，不祥。不如有所属，事成犹得封侯，事败易以亡，非世所指名也。"这位老太太，倒说尽了士大夫群的处世哲学。百里先生，也是不免于想做帝王师的人，其不能为"师"的，总想处于"师友"之间。可是师道一天不如一天，乃成为长官的部属了。

百里当时对陆大学生说：参谋官的位置，由军师渐渐降低，变为幕宾，这不是"老师"而是"客"了。可是人家对他的称呼还叫"师爷"，虽然不在司令官之上，仍然是对等地位。百里说："幕宾的故事很多，我今天举一件：曾国藩与李鸿章的关系。李在点翰林之先，就请曾看过文章，他的父亲与曾又系同年，当然是曾的后辈。曾对李最初就用黄石公对张良的办法，他说：'此间局面窄狭，恐不能容。'但李一定要在他那里。曾氏幕里是讲风纪的，早饭必召幕僚会食；李起身较晚，以头痛为辞，但大家一定要等他来了才吃饭。食毕，曾正色对他讲：'此处所尚，唯一诚字而已。'（不说谎。）李为之悚然，敬谨听命。到后来曾要参劾李次青，李不同意，就很坦率地说：'门生不敢拟稿。'曾说：'我自属笔。'李说：'若此，则门生亦告辞。'我们看，在平常时候，他对老师是怎样服从；但遇紧要关头，他又是如何的有主张。后来李走了，一直不得志。迨曾攻占安庆之后，李写信道贺，曾就回信请他来。这次，可就不是以学生看待了，完全以宾礼相待。这是说参谋的情形。"

接着他又说："参谋官的位置，始而由'师'降为'宾'，自新军成立后，又再降而为'军属'了。民国初年，参谋官简直是高等的勤务兵。这个地位，今后要一步一步地提高起来，纵然不能提高到'师'，至少也要有'宾'的地位。这一点全靠高尚的人格去争取，如果只是去找人，以弄钱混饭吃为目的，人们怎样能够重你？我们莫怪人家不尊敬我们，首先要自己尊敬自己！"（这一番话是说武德的锻炼。）

百里指出学问是随地都要去求的。"求"就是所谓仰面求人，不一定教授可以教你们，就是一个兵卒，你们也可以向他获得宝贵的教训。从前顾亭林就是这样。日前，我见湖南教育厅长向军校讲话，说日本空军从张鼓峰事件中，得到了一个很大的教训，这话很有意义。人家一看见好处，马上虚心改进，可见学问是无穷尽的；就是要虚心，要平心，要低心去体验，才能获得。孔子说："仁者乐山，智者乐水。""乐山"是要有山一般品格。"乐水"是要有水一般虚心，所以讲学问第一要有大海般的心——"度量"，才能尽量吸收世界上各种细流。这是求学问的第一个条件。第二个条件是：骨虽然要硬，脑却要柔软，法文 Sonple 照解释，是"柔软"的意思。在军事上用，就是说这个人能够适应环境。世界上最柔软的是水，盛到方的里面就变方，盛到圆的里面就变圆；水在大路流不通，可以走小路，小路走不通，可以走地下的路。这便是能改变自己去适应环境。倘若一个人脑筋硬化，墨守陈法，对于新的不能接受，就没有求学的资格。

一位陆大学生对我说:"'夫子循循善诱人',这句话,百里先生真的做到了,他是诲人不倦,学而不厌的。"

"慧眼"——陆军大学的意义

百里先生就任陆大校长以后,曾和学员们谈到陆军大学制度的历史。他说:"中国的大学是学日本,日本是学德国,现在所用的,还是大战前的德国制度。因为德国的军官,中尉要当二十年;如果在这二十年之内,天天教练新兵,这个人岂不是完了?所以就在陆大研究三年,使他不至于离开军队生活太远。学校授课以后,还准他到外国学些别的东西。但在这三年中,每三年,又有一半以上的时间,与军队保持接触。他们现在还加以改变。我们却是整整的三年全在学校里,等你们三年从学校里出来,外边的局面完全改变,这岂不会变成一个落伍预备所吗?所以你们要时时刻刻,虚心去体验实际,这才是真正的学问。"

他又说:"现值抗战期内,只能把几种重要的功课,尽先讲一讲。我记得日俄战争时,我在日本留学,那时,我们就改订一个新的教育计划,把讲堂里的课程减少三分之一,改作野营演习;在毕业的时候,教育总监对改订这个计划的人极力奖励。(本来各国的陆军大学,到了战时,就解散了。)现在我们的抗战,是长期的抗战,所以还需要你们继续研究下去,这是一个特殊状况。在这特殊状况之下,你们更要知道时间的宝贵和实践的重要。

"现在进一步要讲参谋教育的方向,关于这一点,须明白陆军大学的创始。我现先说一个名词,中文可译为'慧眼',法文叫'Covpdoeul',意思就是'一瞬'。陆军大学的教育,是德国菲烈德大帝(今译腓特烈大帝)创始的。在他以前不久,是骑兵战为主的战术;骑兵运动性很大,前面发现有敌人，立时就要决定；所以总司令带了骑兵到前线，全靠一刹那间的判断和决定，这就是'慧眼'。菲烈德那时的兵队渐渐增加。他到了一地之后，当面的情形虽然知道，左右两翼还不明了，所以他要派人到两翼去侦察。这个人就以指挥官之心为心，要有慧眼，他的报告，才能适合要求，这就是最初陆军大学的起源。陆军大学开始是测画略图及地形判断，渐渐变为测量学，所以测量和参谋是分不开的。我国把测量局附设在参谋本部，也就是沿此习惯而来。毛奇将军（德国著名战略家），最初在测量班，俄国的尼古拉斯大学，也是注重测量。当年菲烈德大帝因为军官都是些老粗，所以选出一批贵族子弟，给以陆军大学的教育，教以地理和数学；地理就是测量地形的基础，数学是以已知求未知，养成推理能力和判断力。所以陆大的开始是地理和数理，目的是养成'慧眼'。你们想必听过传说兴登堡（第一次世界大战德军统帅之一）在坦能堡一役，建立不世的伟绩。他在第一团时，早把德国东部地形探测得很熟，乃是他所以一战成功的主因之一。各种地形不同，各种敌人的情况也各不相同。自有历史以来，没有一件事是像演戏一般完全一样的，每次各有新的情况，这全靠我们能虚心，能体验，能适应才行。所以能变，才能打胜仗，不能变，就不能打仗，这是讲一切学问的基础。我希望你们把过去的东西暂时忘记一下，然后再把实际情形来引证，来体会，我举毛奇将军两句话相告：'不知者不能'，从知到能，尚须一跃。"

（聚仁以一九四○年春初，到了瑞金，那时，百里先生已经去世了。我在瑞金废墟中看到红军大学的遗迹，从传说及文献中，知道红军大学的教学方案，证以百里的军事观，可说是英雄所见略同。前些日子，一位朋友在我的床边，翻到一本《新兵制与新兵法》，一看就看下去了。他坐了起来问我："蒋方震是谁？"我说："就是蒋百里。"他说："难怪说得这么头头是道。大有道理的。"百里是有所见的人。）

在桂林的最后演讲

　　一九三八年十月二十七日，百里先生在桂林应广西省政府之邀，作公开讲演。这是他逝世前半个月的事，也可说是最后一次讲演，讲题是"半年计划与十年计划"。他说：十年以来，他不敢上条陈，尤不爱演讲。……有了自上达下的行政能力，然后才可以上条陈，才可以演讲。也除非有了行政能力的地方，才可以谈方法和理论。他提出两大前提：①应该针对时间的需要，不必高谈理论。②应该切合本省的环境，不必盲目模仿。我们旧有的习惯，就在人云亦云：人家有了十年计划，我们也想十年计划；人家有了五年计划，我们也想五年计划；议论纷纭，举棋莫定。我们不知人家有了深刻国际认识，所以定出五年，或十年的期间，而我们只晓得盲目模仿。譬如定下五年计划，做到一年半工夫，敌人一来，完全被其利用，岂不使人痛心？（百里仿佛在写预言。）

　　他说："以往不说，我们抓住现实来说，再切切实实地检讨一番。我向各位献出第一个条陈，就是'半年计划'；这其中最重要的，乃是应该拿出原有原料来应用。例如'买六千架飞机'这句话。若为本省财力所不许，顶好不说。因为这句话，绝对不能实行，便是废话。欧战时，德军迫近比利时首都时，比国人把平日积蓄的酒瓶，堆得极高，其结果有阻挡敌军前进之功，争取了不少的时间。我并不是说酒瓶一物真可战胜敌人，而是说一种工具，还须使用者运用得宜，才能发挥其效能。我们不要叹息武器不及人家，不能打胜仗。我们从敌情中，从敌兵军纪上，都可证明，我们的炮射程远，且极准确。除了数量不如人以外，武器方面，并不见得比敌人差。所以我觉得还是看运用工具的能力如何，否则仍无办法。""我们对于兵器没有发挥可应用的能力。这是不必讳言，这也不是耻辱。这种现象，欧美各国极其普遍。运用新兵器的成功，在战时需要二年，在平时需要十年。且举英法运用坦克车一例：坦克车之为物，原本是美国的农家耕具,欧战时,大家鉴于炮兵、步兵总不易联络,不能充分发挥火力,故由一种农业耕具之模型,研究出坦克车来。('坦克'即水桶之意,苏联曾编刊一本《坦克史话》,可作参考。)一九一六年秋,英法用以攻德,结果试验成绩不佳,英法军方并不灰心,继续研究,设法改良。当时德国兵骄将悍,气焰太高,蔑视这种新兵器,此实为胜负之分际。所以鲁登道夫在笔记上写道:一九一八年,英法再用坦克车攻德军时,德方已无法抵御。就此一例,可见应用工具之重要。我们知道发明家决不能随时随处告诉大家应用工具的方法,全看使用者发挥使用的能力:随时设法,以谦抑态度对待之,以进取精神处置之,自无不胜之道。我们今日千万不要骛远,不要高调,假若对现有的兵器——机枪、迫击炮、坦克车等,能充分利用,对任何事物,尽量研究。这对于民族复兴的神圣任务上,必有大裨益。"

百里郑重指出几点实事:①我们向为农业经济的社会,其最大积弊,就在不大爱惜物力;一斗米的收获与两斗米的收获,农家对此,并未锱铢较量;其实粒粒的收获,都可发挥极大的效能。此种恶习不洗除,根本谈不上什么资本主义的工业化,或社会主义的工业化。②我们应用新工具享受新文明,一切都应合理化,才能物尽其用。他在赴桂林途中,曾见一汽车满载沙发及床铺等货物,综其价值不过数百元,而汽油的消耗,实已过之。他说这种人真没有享受新文明的资格。③我们惯例,某人任了新职,贺电如雪片飞来,这就是浪费。今日抗战紧急,交通工具极缺乏,而此种情形,依然不变。他希望大家不要唱高调,不要发空议论,脚踏实地定下半年计划是第一件大事。

第十二章　在宜山——最后的一瞬

> 他不仅为中国唯一的军事学者,且对政治及文学无不富有天才。他脑子里装的东西实在太丰富。大凡绝顶聪明的人,对学问不肯下刻苦工夫,惟独他绝顶聪明而具有无限的求知欲;大凡极有学问的人,往往恃才傲物,惟独他虚怀若谷,人有一技之长或一得之知无不为之狂喜赞美极提携奖进之能事。
>
> ——陶菊隐

百里先生最好客,谈锋很健。他在桂林时演讲了几回,天天又和新知旧交快谈,忽然觉得很累,到医院去检查了一回,血压很正常,别的也没什么,他就放心了。其实是血中毒,表面看不出,否则好好调理,多多休养,不会有什么的。左梅夫人劝他戒酒,他也这么想,可是在交际场中,别人敬他的酒,不能不喝,有时不免过度一点。有一天,他苍白着脸回乐群社,倒在床上动不得,其实,病情已深了。左梅劝他在桂林多住几天,谢绝一切应酬，他却一心一意要到遵义去。那时陆大从长沙西迁，决定以遵义为校址。百里却说："我到桂林已一星期了，一天不到校，我的心一天不安，我们到遵义再说罢！"这样，他们便乘汽车到柳州，住了两天。那时，百里突然怕冷，晚间冷汗直流，他确乎很虚弱了。他们从柳州出发，途中他胸口作痛，大汗不止。他才知病重，吩咐司机前途遇站即停，前面便是宜山，这样，他便在宜山住下，也就死在宜山。（那时，我正在金华，因为浙赣路连上了湘桂路，所以得讯较早。百里先生的《抗战论文集》，已是金华一家书店先出版的。）

到了宜山，百里一家，勉强挤在乐群社中，还是一位学生让出一间房子来才勉强住下的。宜山小县，乐群社也很简陋，当地的医药条件当然更差。那时，恰好广州失陷，那儿的军校学生，和从江西泰和转来的浙大学生，都挤在这一小城中，彼此都照顾不了。（看他病的人太多，对于百里和左梅，也是太重的精神负担。）一到宜山时，县政府医生替他打了一针吗啡，他才呼呼睡去。后来听信了浙大校医的话，打了一针黄耆针，照说是该大流汗的，却相反的不曾出汗。一连住了五天，他的病慢慢好了起来，就执意要向遵义出发了。左梅苦劝他，他也不听。他知道有很多军校学生要去看他，他就约他们在乐群社晤谈一回，那是十一月四日上午的事。午后，他看看天气很好，就和左梅母女出去散步一回。（那时，蒋雍、蒋华已先往贵阳，留在身边的只有左梅和蒋和。）途中碰到浙大校医，便路又到浙大走了一转。百里乃是杭州求是书院学生，求是书院又是浙江大学前身，乱离中异乡相逢，彼此都很亲切。下午三时，浙大教育长往访；晚间，陆大教育长周亚卫赶到；他们都谈得起劲，看起来百里精神倒还不错。到了九点五十分，二更时分，左梅梦中醒来，忽听得百里痰声咯咯，叫了几声，也不见回应。连忙起身，按按百里的脉搏，已经停止了。她叫醒了蒋和，拿了手电筒一照，她掀开了百里的眼皮，只见瞳仁已散，不中用了。她们急忙找了浙大校医，打了强心针，也不中用，就此长逝了。他患的心脏麻痹症。（关于百里先生的病情，我手边找不到当年的报刊，只能这么写算了。）百里死时，只有五十七岁，诚如诸葛武侯所说："鞠躬尽瘁，死而后已。"

那年十月底边，百里在桂林暂息时，曾对记者庄仲文发表过谈话，说：①兵力当求集中使用，而训练新兵，可仍用湘军成法，以营的单位为较适当。军政部只要物色适当之师长人才，由师长认识其师属营长，每营营长，物色其排长八人，班长二十七人；如此则每人所需明了能力与个性者，只数人至三十余人。每营必集中训练，单位不大，隐蔽也容易。有了三个月的训练，自能成一强固之个体。②目前各省公路，因车辆经过太多，大都崎岖颠簸，以致车辆之汽油消耗增加，机件损坏较剧；而汽油机件，均为舶来品，应竭力求其经济使用。故各省应增加修路队，即雇用民工，亦属值得；因民工所费，仍在国内流通也。③一般人因习惯于乘坐汽车，遂视汽车为唯一之公路运输工具；然现在车辆不敷，往往有等候旬日或一二月而未能成行者，殊失其求迅速之作用。故各地应尽量利用公路，而以其它交通工具，如马车、骡车、人力车等，分站任运输之责。即组织挑夫队，每五十里为一站，以搬运行李疏散人口亦可。……如此的，百里说了十要点，可说是他对国事的最后献议了。

"澹宁"杂谈

百里先生在南京幽居时，曾经研究佛理。他曾有所启悟，以"澹宁"为号，即取诸葛孔明所谓"澹泊明志，宁静致远"之意。我本想零零星星还写一些百里语录，一转想，不必那么酸，那么若有其事，就把一些可记的，写成了杂谈（上、中、下）三节。

上

百里和徐志摩先生带点乡亲关系。

百里说:"哪一年是记不起来了。志摩大概是刚进了大学,我住在上海二马路的三泰客栈,因同乡人的关系,志摩和他父亲,随便在我的房间里进进出出。他的父亲因我而认识了君劢,也因我,君劢也看见了志摩。君劢有好几个姊妹没有出嫁,看见志摩,也很欢喜他。那时,志摩也没有定亲。志摩父亲,一知道公权、君劢在社会上的地位,也起了心,而且想成就这一段亲事。志摩从小是富于感情的人,被他父亲这么一说、那么一劝,也没有什么坚决的表示。在一个很难描写的环境中,总之张幼仪、徐志摩在'我啦'硖石的丝业公所里结了婚,不是拜天地而是文明结婚的。"

"志摩出国之前,在北京见过林徽音(因),那时的她,虽然年纪小,但已经很动人的了。梁公子送徽音(因)欧游,还是两条小辫子在头上甩了甩。那时,志摩的热情、思想、文学的天才正在欧洲开花。毛头小姑娘大起来是快的,尤其是海风一吹,欧洲物质文明的环境里一住,看她像春光里的花苞,经过一阵和风,经过一阵阳光,经过一阵雨露,开了,开了!天生成的尤物,到世上来找美的,找情的,恰巧遇到了志摩。好极,好极了,今天一封信,明天一封信。志摩回来了,徽音(因)病倒了。有一天,志摩去打电报,电报稿子一拿上去,电报局的发电员就说:'为什么,这电报刚才已经发过。'志摩弄得不懂,结果一查,电报的大意是相同的,不过早一步去发电的人,是张幼仪。'原来如此。'志摩好像做了一个梦,刚醒了的样子。"

和陆小曼那段姻缘,也是在那个时候成长的。志摩由于百里的关系,认识了小曼。有一天,志摩在小曼住的旅馆里的床上,留给小曼一封信:这封信所造成的后果,是志摩与幼仪离婚,小曼与王赓离婚,然后小曼与志摩结婚。

〔太戈尔（今译泰戈尔，下同）访华，在北京天坛举行欢迎会。当时有人写道："林小姐徽音（因）人艳如花，和老诗人挟臂而行，加上长袍白面郊寒岛瘦的徐志摩，有如苍松竹梅的一幅三友图。徐氏在翻译太戈尔的英语演说，用了中国语汇中最美的修辞，以硖石官话出之，便是一首小诗，飞瀑流泉，淙淙可听。"〕

白朗宁有一首诗，题为至善之境，诗云：

真理，比宝石还光亮，
信任，比珍珠还纯洁，
宇宙间最光亮最纯洁的信任，我认为
全存在于一个女人的蜜吻里！

志摩在一九二五年八月十九日记中写道："须知真爱不是罪。（就怕爱不真，做到真的绝对义，才做到爱字。）在必要时，我们得以身殉，与烈士们爱国、宗教家殉道，同是一个意义。"

百里先生，一直是怀念着志摩的。

中

一九三八年九月十二日晚间，百里先生曾应银行界的邀请，在汉口总商会公开演讲。

他说："兄弟本是军人，照理打仗去。现在时代不同，银行界先生们要找我演讲了。以前我只知向他们要钱，买军火，打仗去，现在不单如此了。回想从前，要觉悟到时代是变了。从前我们靠农吃饭，一家有一块地，此外什么都可不管。诸位念过古文，都可知道陶渊明的一篇《桃花源记》，这十足代表农业时代的孤立思想。试看现在我有一块'桃花源'，你们来不来？可是，这是仙家的地方。

"现在来讲我们国家危急的事吧？问题可以分做三个：第一个是外交，

第二是军事,第三是经济。现在是在打仗时期,军事当然是前提,可是在这前提的前面,还有一个相当重要的'外交',也可以说:外交是军事的先锋。可是,照军事上说,拿破仑有过一句话:'军事最重要的有三样:第一是钱,第二是钱,第三还是钱。'这样就可知道,军事实力的基础是经济。

(这时,百里把黑板上表明外交、军事、经济的三个圈子擦了,用粉笔画一株树,树上画三条线,一面画,一面说:"我不会画画,不要以为我在画梅花。这一株树,可以表明我刚才说明有连带关系的重要。我们看,这树根等于经济,这树身等于军事,这树叶等于外交。")

"打仗可以不打,但是不能不吃饭。生活究竟是什么?人不是专靠一件东西就可以生活的,所靠的在于物与物的交换。物与物的交换,凭的是货币,可知道经济还是生活的根据。外国是工业国家,所以有轮船,有机器、车子。车、机、船的产生,原来是运东西的,这是它本来的用途。但是船变为海军,车变为陆军,机变为飞机等等,到了上一回欧战,车已经变成了'坦克车'。因此就知道靠它吃饭的东西,一变而为打仗的东西。不过这中间发生一个紧要的问题,就是要彼此联络得好,否则出毛病。有的外交办得不好,骂军人不会打仗。可是有的打败的国家,才出有名的外交家。同时说后方经济没有准备,所以打败仗,这也不能说。要知道我们买飞机、大炮,都要钱。而且我们的军械也不比人家坏,这不能不说政府有相当的在外交上的努力。但是来迟了一点。这不能怪政府,要怪老百姓,因为,钱都不容易拿出来,我们要怪自己觉悟不早。所以现在我们这一个国家,这三条线也联通了,仗也打对了。

"分析开来,还有国际问题,彼此能联络,就行,不能联络,就不行。我们再看报吧,一时说打,一时说不打。德与法打起来了没有?法空军部长忽然去访德,英声明与法联。伦敦《太晤士报(泰晤士报)》说:捷克打苏联去了,可和平了。堂堂世界大报放这样一个大屁!从这些零零碎碎的论调，虽然可看出外交是什么，解释各种矛盾，要靠各人自己的脑筋去想。现在不能把我脑筋中的自画像拿来作标准的。假使听听，德、法、英各个的批评似乎都对，假使一个人脑筋里，放得太多了，会中毒的，因为他们各有各的立场。

"讲到银行，如其还是固有那套想法是办不好的。像先前的钱庄，借钱只看人，这个人行就放款给他，不行就不放，只凭老板两只眼睛。这种唯利是图的消极方法，已受了世界潮流的推荡，站不住了，倒下去了。现在的银行单做押款是不行的了，应注意到事业上去，不应注意在算盘上，还应注意到内地去，到农村去。再说一个故事：有一个人欠了钱非还不可，去借钱，银行老板问他借钱做什么？他说：'借来买肉吃，我不吃，不能活，不能活如何能还钱？'老板借钱给他了。银行界对国家，对国家的生产的事业，也要负相当的任务，单靠一张凭据是靠不住的，要用脑筋才对。三利均利，独利必不利，这是原则。我是研究军事的，到银行界来讲演，也是这道理。"

下

百里先生写了《国防论》，接着又写了《新兵制与新兵法》，这都是他接在鲁登道夫《全民族战争论》之后有所发挥的著作。他在序文中说："马拉松长距离的竞走员，纵然落了后，也要竭尽能力，用最大的速度前进，这是将来得锦标的唯一条件，也是运动家对于自己应负的道德责任。今夏在庐山，原想把'未来'全体性战争的若干基础条件，做一种研究，谁知道卢沟桥的炮声，已经将'未来'推进到了现在！咳！时间走得比我们快，我们也只好甘心做夸父罢。"有一位朋友告诉百里，说：京沪路车中有两位旅客，批评百里的《国防论》，说是其中的文章有些言之过早，有些说得太迟。百里说："我对于这两位不知姓名的批评者，颇有知己之感。"

百里说："兵可百年而不用，不可一日而无备。"此是古人成语。只这一个"备"字，已经可以将军队动员（即动员），与民事动员（即总动员）意义解释明白。而"不可一日无"，更将动员（兼军队民军而言）之精神表现出来。"备"字有两种意义：一是预备之备，所谓"凡事预则立"，这是战略上的唯一精义，所谓先发制人（不必一定先动兵），用这个预字评判古往今来的胜败，可以说没有不准的。"预就胜"，"不预就不胜"，这是历史的铁则。所以孙子第一篇的末尾就说："未战而庙算胜者"云云，就是说，要想胜，必要求之于未战之先，就是"预"。你也预，我也预，到底谁胜谁呢？这又有备字的第二义，就是完备之备。所谓"体不备不可以成人"。我们一天生活上需要种种东西，一件不齐全就感觉苦痛，况且再加打仗这件大事。从前军队要开差就要拉夫，我说这名为"有手没脚"，如同废物一样。一声要动，就要先装一条假腿，这就是不能"动"，就是动员的"反面"。这个完备的意义，也可以说是致胜的唯一条件。其实与上文"预"字意义相联。比方我们新造一个家庭，要一天之内将各式家具备齐，是不可能的，一定要前几天准备，还得你仔细想，开一个账单（动员计划书），得去住一天，试验一下，恐怕临时缺少东西（动员练习），桌椅碗筷，得默过数目（动员检查），这才够得上说完备。由这完备意义，我开辟了动员这个"总"字。总字就是"无所不备"。德国是军队动员之祖，但是现在高级军官，还是太息痛恨的说：向来主张全国皆兵的国家，而当年二百万青年，还没有受过军事教育。平常以为有了金子，无事不可以解决，哪知到了战时，金子不能变子弹（德国陆军部之言），金子不能当饭吃。这就是不完备就打败仗。至于"不可一日无"，就是说总动员这件事，要天天用心，不能有一丝一毫的疏忽。记得民国七、八年间，京汉路上发生了一件和汽车相冲撞的事，因为一列车在半路上不能走了。人家就问："列车上照例有电话机，不是可以随时在沿线上接通电话吗？"车务人员回答道："电话本来是有的，因为几多年没有用过就坏了。"这就可以证明有人当初设备计划时完全，过几时就不行了。这才是所谓"腐"与

"败"。不是电话机会腐败,是人的精神腐败了。

他又说:世界的军事家注意到"动员"这件事,是发源于普法战争。当时德国人有埋头苦干的精神,而他们又有天生成的爱秩序的性质,所以事前细针密缕,一件一件的想到做到,得了大胜,完成了德国统一的大业。所以"动员"二字的根源是从德国来的,原名 Mobilmachung 有两种意义,可以作为"做具",可以作为"做动",意译起来就是"装备起来"、"做到能动"。现在一般人将"动员"两字,作"调兵"解是错的。"总动员"这个名词是欧战以后才发生的,就是对于战前专心于"军队动员"失败的反动。试举一例,兵工厂要一名熟练的技工,至少要三年,要一名工头,至少要五年以上。法国人口少,全国壮丁一起编入军队。第一次接触了,就感到武器以及弹药补充不足,所以竭力扩充各种工场。又只得从作战前线,把工人、工头调回来。在那时,才知道"汗"与"血",有同等的价值。一个好人民,不一定要拿枪才算好汉;拿一把锄头,一根米突尺,也是为国尽劳的英雄。国民总动员,不是全国人一齐拿枪上战线,是全国人民,打仗的拿武器,种田的拿锄头,织布的织布,做工的做工。现在打仗,专靠血还不行,还得靠汗。

未完成的杰作

百里先生晚年,他想写两本书,一本是《世界军事学》,他自己估价很高,谓可占两百年的地位。另一本是《日本军略的失败》。他自己说:六十岁以后,要开始写自传,可奈他只活到五十七岁便死了,两本军事专著和自传都不曾写成。我此刻在写他的传记,只觉得他的话,直到今天,还有时代的意义,才来引述的。我以为他是编了一个相当完整的军事剧,可惜碰不到好的导演,因此演得一塌糊涂,等到好的导演上场,他却已经死去了。

我似乎该引述几段精彩的话来证明他的远见。百里曾说：军队动员是军队为主体，向国内吸取一部分材料，而加以组织；总动员以国家为本体，将国内一切的一切，镕铸（熔铸）锻炼起来，成功整一个的国力；有这个力量，国家才能自保，人民才能活命。意义明白了，如今且谈办法，办法有两个原则：第一对于各项需要的数字，事前要自己有一定的标准。同时要算计事实上时间的可能性。比方我们现在在牯岭，有一个朋友打电报来说："我要到庐山来避暑，请你替我预备一下。"我只好回他："另请高明，我不干了。"为什么？因为电报里没有说明到底来多少人，几时到，试问怎样的预备法。如果一个人，替他在饭店订一个房间就是了，但是时间不定，那旅馆的费用是谁担负呢？如果带家眷，那就得租房子。家眷人数有多少？房子就能多少。所以战时第一步，需要多少人与物，限多少时间内完备，是预备的先决条件。各国动员法所以要极端秘密，就因为这个道理。军队动员计划泄漏了，人家就可确实知道你最先可以出多少兵。总动员计划泄漏了，人家又可以知道你最后有多少力量。

第二个原则是要分功，要各部分责任分明，同时又要联络精密。这又分两种说法：一是事业的分功。战国时代，许行尚且不能织裕而后冠，何况现在总员。既然要求"无所不备"，这明明不是一个机关、一种社会所能做到的事。所以第一，要一个机关只担任一件事，有错处唯他是问，推诿不到别处去。管粮食的，管衣服的，管交通的，管卫生的，管人的，绝对不许一人办两事，或两人办一事。这是一种分功法。二是机关的分功。军队有军队的责任，行政机关有行政的责任。各国动员令里，都有一条禁令："凡动员实施时，下级机关不得向上级机关请示。"各军队及行政机关，上级下级各有预先定好的一定的事务处理法。某人某日应做某事，写得明明白白，这一张总纲名曰动员历。根据这一张历，各人又有一本书名曰动员手簿。他自己实行他的任务，也详细地记载着。团长时时要检查他部下的手簿，看看是否齐全，彼此有没有冲突。……军管区司令官，每年要实地练习一回,桌上研究一回。总合说来,大抵愈到下面愈分,愈到上面愈合。平时愈细致,战时愈简单。参谋本部在计划时,要细到一针一线都要用脑筋,而当动员实施时,要大到只用一个电报通知几个单位,注意几个大军的联络就完事。所以各国当动员令下之日,总司令参谋总长,是国内唯一闲空的人。他要抽出时间精神来,用他的心眼来,如同饿猫捕鼠的样子,看定敌人,不放他一点松。以上两个原则,实行的责任者,当然是中央当轴。但是打仗不是靠两种军队一时的拼命,是两个国民永久的赛跑。因为要有长久时间的赛跑,所以才要这总动员。这是恰恰同"办差"的性质相反。办差的目的,就是只求上官一时的欢心,东凑西拼来敷衍一时,事后就一切不管。这是世界上最不经济的最难持久的一件事。

百里先生说总动员是以国家为主体,将国内一切的一切镕铸(熔铸)锻炼起来,成功一个国力。这"一切的一切",到底是甚么东西?他说,大约可以分为三件事:一曰人,二曰物,三曰组织。

各国的国防经济学家对于"人",大致注意三件事:①数量,②统一的意志,③健康。他说:我们千万不要小看数量,这是我们雄飞世界,又是维持世界和平的基本,我们要十分利用这伟大的数量。姑且不谈军事上应当怎样利用这数量。就谈经济,不是现在需要工业的物质建设么?如今各国关税壁垒如此之高,要是我们自己没那么多数的消费者,那么工业建设,竟是绝路;如果工业稍有点进步,又要同世界上暴发户一样,抢殖民地,抢商场,斗得大家不安。翻转来看外国:意大利独身税每年收一亿吕耳。德国平民结了婚,国家有一千马克津贴,生了三个孩子就不要还钱。欧战之后,我们在法国参观议会,一个势力很小的保守党员起来说,我的太太,生了十一个儿子,于是哄堂拍掌,把一个大多数赞成的议案打消。可见各国对于这数字如何苦心经营。

不过人数虽多,如果内部包含太复杂,多了反危险。有某个国家(指日本)自己以为有了一万万人口了,其实,内中包含四千万有反抗性的被压迫的异族，战时还得派兵镇压，反不如六千万的干脆。反看我们黄河、大江、珠江之间，没有像欧洲阿尔卑斯山那样的山脉，可以阻碍交通。尤其是黄河大江间竟是一片平原，容许我们汉族三千年的同化工作（辛苦艰难到近代才完成），有同一的文字、信仰、习惯，最近且发展了近代国家的意识。所以我们要自信。

他又说："我们要竭力发挥自己的长处，同时要镂心刻骨地补救我们的短处。短处在哪里，就是健康问题。我们因为贫穷，平时就营养不足；卫生知识薄弱之故，恶性病就不断地蔓延。"他举了他在邹平看见几张表，那年二月一个月，邹平一县生了七百三十余人，死了六百二十余人，而从〇岁到一岁之间的死亡率，占了三百多。他又看了女子死亡的比例，则女子中年死的多，老年死的少，就是有用的人死亡得多，没用的人死得少。以村治十年的邹平尚且如此，其它更可想见。（百里说，我们还是感谢村治，要是没有这个统计，我们连这个危险还不知道。）百里说健康问题就是道德问题。他注重国民运动，他有一回到了中欧，一个维也纳市民告诉他："我们败了，我们穷了，我们造不起运动场，买不起皮球。我们靠这一条破裤子来救我们的国家。"所以百里在维也纳就写了一篇《破裤救国论》。原来，那边人的习惯，大家都有条牛皮短裤，这条裤子，可以从曾祖传到曾孙。它的好处，一方面可以保护着腹部，一方面走倦了可以到处休息。奥国虽是穷光蛋，在世运会中也得了几个头奖，百里说这才是国民运动。至于花几百万块钱的运动场，几十块钱买一副外国网球拍，不过是一种富家子弟的游戏罢了，万万够不上说国民运动。他说：我们讲健康，要打穷主意，不必看富样子。（我们要注意妇女，要注意儿童，这才是总动员的员，即人的基础。）

百里有一年去参观捷克的秋操，看见了斯拉夫的毛厕（英美人骗了全世界人的钱，才够得上说"没有卫生设备的房子不能住人"），在中欧斯拉夫民族还要用粪肥，但有条例，要造毛厕就得两个。每个上面有一个盖，盖上有一把锁。一个毛厕倒满了，就得锁上。过了一个月才准开用，所以一个存，一个用。因为封闭一月之后，它自会发酵，毒菌自会消灭了。从这些小的地方，他看出了现代国家动员的路向来。

谈到"物"，百里先生概括地举了三类：①原料，②动力，③动用此种原料动力的工具，即人类的"能"。他说：就原料的大势说，中国如果好好的干，在世界上至少可以占第三位。第一是美国，第二是苏联，第三就是中国。（如果英国能永久保持他的海权，当然是首屈一指。）其余欧洲各国，没有能比得上。不过我们切不可以地大物博自豪，实际上天然物产的博，并不如我们想的那样阔绰。我们的原料，不过说够敷衍，决说不上丰富，我们尤其不可浪费。一块煤里含有多少宝贝，随便把它烧了，就是浪费。瞎开矿，把矿脉弄坏，尤其大浪费。就军用原料说，小小一颗子弹，头是白铜壳（铜与镍的合金），后面一个小铜管。现在这"铜"同镍，就发生问题。白铜的烟袋，黄铜的脚炉，看不见了。要知道一支烟袋，或脚炉，可以用上几代，所以觉得家家都有。现在是一种消耗品，要没有价值低廉的大量生产，就会不够自给。再说这个弹头里的铅，中国因为锑产很丰富，还有办法。不过铜管底下梧桐子大的一个雷管，可就费事了。他是水银、酒精、硝强合制成的东西。贵州的水银，一九一八年，曾出过六十四万磅，还是粗制品，怕要卖出去，请人家制造过再买进来。酒精厂是有了，技术上也还有问题。……上文不过举一颗子弹的例子，飞机、大炮、战车那更复杂。不过大家不要怕，一法通，万法通，一颗子弹有了办法，别的事也会有办法。大的新鲜的未必是难，小的常用的未必是容易。

说到动力，他说，白种人本来没有怎样了不得，宗教、道德、法律、政治说得天花乱坠，千万不要震惊，实在就是一件事。因为瓦特发明的蒸汽机，白种人用它，所以竟把世界征服了。蒸汽机就是人造动力的原祖，由此进为汽油动力、电气动力，所以现看一国的强弱，不算人的多少，不算地的大小，就看他全国的动力有多少。打仗是一种力，动力多就强，动力少就弱，一丝不许含糊。这个动力的应用可以分为两部：一是生产，一是运输，事实是相联络的。至于人类的能力，实在比任何原料为重要。原来欧洲中心的瑞士，既没有煤，又没有铁，可以说够不上做工业国，但是瑞士人说："我们有脑子。"没有煤，可用水发电；没有铁，可以用合金代替，因此反而迎头赶上过人家一切。回看瓦特的蒸汽机，真觉可笑可怜，所以我说脑子也是原料的一种。

百里十分看重组织，懂得组织就是力量。他说，他在欧洲参观几件事业，几个工厂，这种事业，一动就是几亿，他灰心了。他想：照这样说来，拿中国预算的全部，做一两件事还不行。那国家还有救吗？后来又想，意大利是有名的穷国，德国竟可以说是一个"穷光蛋"。他们哪里来的钱？他就发见"组织"这件事。有组织无钱可以有钱，无组织有钱可以变为无钱。如果一块钱可以在四万万人中走一转，这一块钱就发生了四万万的作用。怎样才会转？就是靠组织。比方德国用七十亿元造国道三十万万里的工价，工人拿工资来买面包，买衣服，可是买不到美国橘子吃，印度绸穿，这就是组织。这个钱，就德工人手中流到商人农人手里。如果有余，又流到国库里去了。四十亿的材料费，水泥是自己的，石头是自己的，测量用的器具材料，都是自己的。那么国家花去了七十亿元，不过在人民口袋里兜了一个圈，一文不少的又回来了。但是这条国道，又可以做交通用，又可以做要塞用。（因为七层水泥上，到处可以放重炮了。）拿一个来造了敌人不能预料的要塞，长久使用不坏的交通，多么巧妙！这是靠甚？就是靠"组织"。他看了几种外国的军事学，又回来看中国实际情形，也发见入手方法的一个要题：外国人所苦心的是原料不足问题，中国应当苦心的，是组织不健全问题。他说了几个有趣的例子，历代的开国元勋，都是在前朝亡国时代养成的。处置得好，捣乱的能力，能变成建设成功。他的一个朋友，因为续弦置备家具，家中人怕红木椅子弄坏，放在钢丝床上，过了一个时候回来，那张床坏了，你能怪红木家具太重了么？我相信百里先生这本军事学写成的话，一定很有意义的。

未完成的"自传"

昨天，一位朋友很恳切地和我谈到蒋百里先生，他说："百里能活到七十岁就好了。"这样，他一定写成他的自传了。而今，我所写的传记，只能算是一格而已。无可奈何，我且留一段他所写的自传如次：

"甲午年，我十三岁，从海盐到硖石别野斋念书。我的堂兄，即肖初的父亲，八月里要去乡试，怕这第三场策论里有关时局的文章，所以叫我替他用细字来抄夹带。因为这个理由，去问街上的钱庄里借了一张《申报》来。因为有些消息可参看，同时，又可抄点论说，预备对策的论文。我记得中间还有一篇大骂李鸿章的文章。'新知识'就在那个时候开始的。这就是甲午战争，从此，刺激了我的新知识，我学会了看报。也在那时，平壤、牙山、大东沟、九连城、威海卫、刘公岛，这些地理上的名词，很熟的挂在嘴边。那时候找不到一本地图，无意中，不知在谁的家中，看见一张地图，因为边界上涂颜色的关系，就使我注意到海参崴和珲春这只角上。

"我还记得那年秋天，在海宁天宁寺里，来了两个陌生卖字的人，先是一个朝鲜人，后来一个仿佛有点安徽人的样子，住了二三个月就走的。现在想来，无疑的是日本的侦探，因为这两个人写的字是十七帖，如果那时有人拿正楷来考他们一下，一定会露马脚。仿佛那时中日双方也都有了警戒的样子，所以来了一位城营。他姓卞叫宝骏，年纪很轻，说的一口安徽话，我们一点不懂，大家说他弯舌头，也常常在教场里下操。那年秋天，我的先生回家去了，所以我常常到教场里去看操。这件事情顶好玩的，看他们一对一对地舞刀，还看他们射箭。箭靶子是三个红星，射中了有人打鼓的，卞先生面前，摆了一张板桌子，双折的皮凳子，一本名册，一支朱笔。听见锣声一响,在那名册底下,圈个圈子,两个人操枪,我们还看见过操步枪的。我们顶喜欢看的是操藤牌,最好笑的,那时候考的武童生,考'马箭'。那个童生,穿的红绿色衣服,而且脸上多少抹一点红胭脂的样子,骑在马上,右手拿缰绳,左手拿一支弓,用手指夹着一支箭放在肩上。这位武教师就同这位童生挽了缰绳拉了马,慢慢儿兜圈子,旁边差不多有两百米长的一条马槽。这位教师带了他的马在马槽的一端兜了一个圈子,那匹马如飞向槽里跑去。马槽旁边有三个箭垛,平均分配在槽的中间。但离槽不过二三尺远,马一跑开就看见马上的先生,身子仆在马背上,这只弓仿佛向横射去的样子。第一支射了,要想第二支拔出来射的样子,我们在后方注意中不中。不过,我听别人说,这种马箭全在乎手脚快,中不中倒不在乎的。在这城守营卫门里边传说了一件事,说不知哪一位协台,上司叫他打靶,三枪不中,就革了官。

"那一年冬天,我父亲故世,也就是我开始受社会振荡的第一课。我的伯伯,本来是三年前(壬辰)科的进士,但是没有殿试就回来了,所以乙未年要去补朝考。他写信回来,就说有'公车上书'那么一回事。他做了一篇文章,议的是贾山立言,但是没有被他们所采用。过了一个多月(大概五六月里,天气热了),《公车上书记》还有《普天忠愤录》这两种书,放在我们先生的桌上。但是我们没有看,只等先生出去了或先生睡午觉的时候,才拿来略略翻一翻。那时候,除了念四书五经之外,桌子上只有《小题正鹄》,(八股文选)诗韵。我的先生,特别为我托人买一部《江汉炳灵集》之外,没有别的东西了。所以《公车上书记》、《普天忠愤录》二书,看起来,同小说那样有趣,也和小说那样的容易懂。"

这真是尝试一脔,百里的自传,一定是串说了一串有趣的故事的,可惜看不到了。

附：

哭亡父蒋公百里
蒋 英

  凭空像一个霹雳般地，我接到你的噩耗。当时我正在欧洲这个多事的角落里快乐兴奋地用着功。即刻我的神经立刻痉挛起来，心也震动了！浮现在我眼前的，是你不久以前离开欧洲时的容貌，为祖国奔走的矍铄精神，谆谆嘱我埋首上进的声音，没有想到那些竟成为永诀的遗言了，我仰天痛哭，我几乎发了狂！我想起这时家中披麻带素的妈妈，想起了可怜无恃的手足，我好像听到她们绝望的嚎啕，我意识到了自己永恒的孤单！我失措了，我像一只掉在沙漠里的羔羊。可是，我又恍然的安定下来，决不能，我决不信您会离开我们的。我们几个孩子需要你，临危的祖国需要你！你不能弃下国难当头的祖国独自飘然而逝！你忍得弃了你的白头偕老陪你奋斗一生的妈妈么？你更不能丢下你这一群弱小毛羽未丰的孩子。我等待，我希望能再得到你健在人间的佳音。然而一天，两天——我绝望了！现在我眼前的只是一片无尽头的黑暗，我看不见太阳，甚而也没有了星光。我的生活失了光明！只有黑夜——连续不绝的黑夜呀！我怎么能活下去呢，没有了你的向导，没有了你的鼓励！

  爸爸，你是我生命的火炬，失了你，让我永远和黑暗接近罢！好！让黑暗吞蚀了我，那样我还许在梦中拜见你，听你的声音，作你吩咐的事。唉！爸爸，真的快来看我吧！你不会嫌柏林太远的罢？六年前那时你刚从南京回来。咱们一家重聚，是多么快乐呀！每次你上街回来，总是大包小包的水果带回来。照例老佣人总会站在楼梯上跑叫声："老爷，你回来啦！"我们便打雷打鼓似的从楼上跳下来。这个喊，那个的叫。呀，什么广东荔枝啰，新会桔啰，外国香瓜啰，葡萄啰，说不尽的好东西。十只手，来得快，一会都抢光了，你总是说："给妈妈留些啊——给妈妈留些啊！"于是又是一齐闹着去找妈，妈妈不是在书桌上记账，就是坐在沙发上结毛线衣。于是一家子便坐在一块儿，有时谈正经的，有时闹着玩，家，真是说不出来香甜呵！

两年后，病魔插足到我们那乐园的门槛了，一向多忧的大姊被它侵袭了。一个月、两个月，终不见起色，于是一家都慌张起来。最慌张的还是您！什么中国郎中、外国医生都请到了，你急得连客也不会了，门亦不出了，整日闷在屋里看书。最后，还为了想随大姊的心愿，一家都搬到北平去，为她养病。哪知三个月后，我们重踏津浦路时，大姊已经一病不起地长眠了。您那时脸上两行流不尽的泪，真是表示出天下最伟大的父爱啊！唉，爸爸！我们何福，竟蒙您这般的怜爱？可是我们现在又有何罪，竟半空中失去了您——我们的光明，我们的一切。还记得大姊临终时，她左手搂着您，右手搂着妈妈，带着满足而惭愧的微笑，同你们道了永诀。有人在旁边看见了都说：大姊真有福气，能有这样慰贴的父母！唉，现在想起您竟一人在陌生的小城中，左不见妈妈，右不见孩子们，空房冷榻的就这样悄悄地去了，连一声再会也没有说。世界上还有什么事比这个事更可悲的呢！

记得一九三六年，我们随您一同来欧。初在维也纳城外住家，开始学德文。有一天，您刚从德国参加秋操完毕回来，我们为了欢迎您，大家一同下厨房，妈妈大显身手，做了一大桌菜，我们一面细嚼，一面高谈，乐气融融，渐渐南欧媚人的夜幕垂下了，妈妈命我们上床后，自己亦预备休息。哪知她胃病复发，不能安睡。她不愿再打扰我们，自己又不愿起来，所以还是躺在床上自言自语地说："唉，至外国来，真不如在国内享福。如果在国内的话，只要一嚷：'老三妈——小脚娘（家中十九年的老佣人）一定要连跑带跳地下楼拿热水袋，现在只能忍着算了。"哪知道，您听见了这话竟一个人悄悄地走到厨房去，生着了火，静静地一面抽烟斗，一面守着水壶，水开了，装满热水袋，再回房去，悄悄地把水袋搁在妈妈床脚,一声不响地又去看书了。第二天妈妈把这事讲给我们听的时候,我们互相怔忡着,我们骄傲您这位充满了人性的父亲呵!

最后,我们来到德国,您把我们的一切学校手续安定好了,在进学校的前一天,您还带我们到动物院去玩。那时柏林动物院的大狮子刚养了四个小狮,我们好奇心重,特意一人去抱了一个小狮子,一块儿照了一张像。后来您把照片寄给我们时,还在相片后面附着这几个字:"垂老雄心犹未歇,将来付与四狮儿。"唉!爸爸:两年前柏林的狮子已经能跳出院吃人了,我们还如此幼稚呢,您怎忍竟弃下我们在这险艰的人世呢!

严冬去而复来,大姊逝世已经四年了,却始终没有重来过,您此去什么时候再来呢,从前死神把大姊从妈妈怀抱中攫去时,我们时常从母亲心坎里,听到这几个血泪的字:"你们五姊妹,正好比我的一只手,如今大姊去了,好像人家把我的拇指割了一般,怎么能叫我不痛心呢!"唉,爸爸现在您又走了,为妈妈想,不是比人家割了她的心还痛呢!唉,我们是失去了心的妈妈,失去了光明的孩子们呀!

爸爸,您真的去了吗!不,不,您不能去呀,小妹的唐诗还没有背完,我书桌上 Schiller 的 Anoder Gtloeke 也何曾讲完了呢!呀!还有许多书,我们需要您那生动有趣的解释呢!回来!爸爸,祖国需要您,我们不幸的这一群需要您!

第十三章　张宗祥述蒋百里

谈了蒋百里先生的思想生活，似乎该有一篇比较完整的小传，我就用张宗祥先生的《述蒋百里》作蓝本，参以蒋慰堂先生的《年表》，高子白先生的《哀百里》，尝试为之，以待来哲。[①]

光绪八年（一八八八壬午）九月初二日，百里先生生。百里祖生沐先生，字光煦，尊文献，富收藏，刻有《别下斋丛书》。生子女二十余，第五子最所钟爱，幼殇，哭之恸，以朱书佛语左臂，祝再来为记。沈山一僧，与生沐为方外交，时相过从。生沐念及殇子，必问僧能如顾氏非熊往事否？僧曰："来则必来，缘实已尽。"及百里之父泽久先生生（名学烺），堕地无左臂，生沐见必圭怒。稍长，即命居马桥散寺中。泽久幼慧，潜心内典之余，兼习岐黄，将冠，以医济人，重返儒服。时生沐先生已谢世，洪杨之役，家亦中落。诸昆季析产自立，泽久亦不愿重违父志，再返本

---

① 本书将蒋慰堂先生之《蒋百里年表》及高子白先生之《哀百里》附于章后，以供参考。

宗。转徙平湖海盐之间，以医自给。间或至硖石，一省兄妹。后娶海盐杨氏，生百里。百里八岁，泽久先生病逝，母子茕茕无所依，始返硖石，遍访族人，谋所以生活者。泽久同母兄泽山先生为之创，族人附义，各有所助，得田三十余亩，小屋二楹，母子相依于其中。（聚仁按：再来之说也是一种痴情，姑存其说。张宗祥先生为百里先生幼年至好，蒋慰堂先生为百里之侄，高子白将军亦为百里至好，浙江军界前辈，杭州西湖高庄，即高氏之私苑，聚仁采用他们的记叙，以存真记信。）

百里母杨太夫人，日处斗室中，课百里《唐诗》、《论语》、《孟子》，米盐饮食之外，编细竹为衫，以佐生计（一种精致的手工业）。杨氏心目中惟此孤子，百里心目中惟此寡母，一衣数补缀，三月不食肉。意泊如也。初习制艺，亦杨氏亲授。（百里四岁初识字，五岁读唐诗论孟，暇辄为之讲解，百里爱好小说的兴趣，就是这么养成的。八岁时，硖石人张冷生延师课其子，百里伴之读。那年，乡先辈查芸荪先生过硖石访友，见百里课艺，惊为神童，即以次女许婚，便是查猛济兄的姑母。九岁百里已读毕四子书，初读五经，能作四字对句。十岁，能作应制诗及制艺文起讲。十一岁，返里。）母氏抱病，百里割左臂煎汤以进，裹创不慎，日腐烂，忍痛为母谋汤药。人小不及灶，则以机垫脚，汲水量米，无他人可使，创口益剧，母前不敢露声色。母氏病略已，闻秽气，使之前，把臂，重絮臃肿殆满，解裹，脓血斑烂，抱百里失声相向哭，急为治疗始愈。此百里十二岁时事。（这样的愚孝，在旧士大夫意识中，也是一种美德。先师单不庵，也曾割股疗母，他们都是同一时代的人。）

百里就读于同族义塾，族弟延倪勤叔先生教读之，深喜百里，念其贫甚，不受束脩。倪氏工小楷，摹《灵飞经》，百里习其体，小楷特婉秀。（百里晚年，写碑师梁任公，然一不经意，起草作小字，依然是倪氏风格。张宗祥先生家世传外祖沈公韵楼笔法，命习颜平原，相见论字，刺刺各争其是云。）十三岁（甲午），闻中日之战，刺激甚深，其一生国防思想及弃文习武之动机，即基于此。十六岁（丁酉），百里读五经毕，文采斐然，里中耆宿多重之。十七岁（戊戌）春，应童子试，历州府院八考，中式，夏补郡学生员。

（注：关于百里幼年的事迹，张宗祥、蒋慰堂二先生所说，在大纲目上，大体相同，惟年月前后颇有出入，聚仁也无从考证。姑且采用一说以待将来补正。陶菊隐先生曾经访问过陈仲恕先生。他是杭州求是书院山长，百里出其门下，其弟即陈叔通先生，今在北京。又曾访问了钱均甫先生，他是百里的同窗同年，他也不曾加以详细考证。）

百里少年时代的遭遇，到了杭州进求是书院，乃是极重要的转折点。那时，他年十八岁，中了秀才，就在桥镇孙家做了塾师。有一天，到桐乡访友，在书案上，看到了桐乡知县方雨亭的《观风卷》，他回塾作文应试，大为方知县所赏识，考取了超等第一名。方知县约期延见，不独赏识百里的文章，还器重他的人品，以"天才不可埋没，应求实学以成器"语勉励百里，郑重推荐他进了杭州求是书院。其时，杭州知府林迪臣、海宁知州林孝恂和方知县都是福建人，他们对于提倡新学，掖助后进，蔚成风气。求是书院、养正书塾和蚕桑职业学堂，都是林太守所创办的。百里家境贫困，他在求是书院的费用，都是方知县所资助的。

张宗祥先生说："甲午之前，百里与予习八比试帖外，喜观历史小说，每有所见，若哥伦布发现新大陆，互相告语。百里劝予读《野叟曝言》，且诩诩以文素臣自居。余方诵正气歌，视文文山若神明，阅之觉文素臣贪多务得，予所难能。然百里此后政治、哲学、外交、美术靡不研讨，不徒以兵学擅长，则少年时已基之矣。甲午后愤清政不纲，汲汲然日思致用之学，苦书不可得。戊戌变法，硖有双山书院，奉令购书，若《资治通鉴》、《白芙堂丛书》、《格致书院课本》、《日本国志》、《普天忠愤录》、《经世文编》之类，百里与予，约散学即会于书院，阅诸书。《白芙堂丛书》，不能了解，其余皆欣然成诵，日至天黑不辨方向各回家，院中无第三人也。""旋兴学校,余入开智任教员,百里入杭州求是书院读书,归语余有邵君闻泰者(即邵力子先生),聪慧勤学,且记忆过人,读书必不忘,予恨道远未能见。而百里又介予,与单君丕(不庵)为友,不庵治宋学,言必拱手,行必矩步,予苦之,不愿接见,强之再,卒成好友。"

求是书院承新学之余绪,在戊戌政变后,埋着新文化运动的火种。百里进书院那年,恰好是庚子年(光绪二十六),丧权辱国的苦闷时期,在青年们心头,激起了澎湃汹涌的民族狂潮,大家都已从憧憬新政而趋向革命。求是书院院监(即校长)陈仲恕先生,也很同情青年学生的激进思想,百里他们在书院中组织励志社,发表抨击时政文字,他曲予维护,对百里恳切告诫,叫他不可形之于笔墨。终因唐才常在武昌运动革命失败遇难,百里写了一首悼唐诗,为总理陆懋勋所发见(陆氏本是求是书院前学监,中了翰林回来,又回杭任总理,位在院监之上),陈院监知已无可庇护,乃转陈林太守,派往日本留学。(方知县依然帮助他的费用。)

辛丑(光绪二十七年),百里离母东渡,决意弃文习武。(这也是当年轻知识分子的觉悟志向。)日本的初级军官学堂有成城学校,后来又增设振武学校为军事预备学校。预备学校毕业后,入联队试习,名曰入伍生。试习期,自半年至一年为下等兵至下士的试习,期满即以下士资格入士官学校;经一年或一年以上毕业,仍返联队为士士以上的试习,期自三月至六月,期满以少尉任用。百里入成城,进士官,初识蔡锷(松坡),又为梁启超所奖掖(百里和蔡锷、张孝准,有"士官三杰"之称)。以步兵科第一名毕业。张宗祥先生说:"百里与蒋尊簋并重于世。百里习步兵,百器习骑兵,中国士官生见重于日人,自第三期始,则二蒋开之。浙江方练新军,邀百里回浙,百里不允,百器回任第二标标统,主办弁目学校于海潮寺。百里虽不来浙,其所擘划,皆出百里手。"

百里在日本士官学校读书时,不废文笔,他和《新民丛报》很接近,却也在同盟会的《民报》写稿。他又组织了浙江同乡会,创办了《浙江潮》，自任第一届主编，执笔的有汪熙、邵章、孙江东等。这是地域性的爱国刊物的先声，接看便有湖北人的《汉声》，江苏人的《江苏》，湖南人的《游学汇编》等刊物。百里在《浙江潮》上，连载民族革命文字，引起了朝野的注意。

光绪三十二年（丙午），百里从日本回国，他在日本留学，已经六年了。士官生回国，清廷初练新军，各方都来罗致。蔡锷受云贵总督李经义之聘往云南练兵。张孝准、宁调元入盛京将军三省总督赵尔巽之幕，百里既不欲回浙，恰好他的老师陈仲恕在赵尔巽幕中，荐百里于赵，赵任为督练公所总参议。（这是训练新军的机构。）为旧派军人所忌，乃自请留德，在德任第七军团实习连长，兴登堡为之师。百里在德时曾参与威廉第二的秘密外交。这位野心很大的德国皇帝，原想订立中德军事同盟来抵抗英日同盟的，以西太后老糊涂，主办外交的庆王和孙宝琦也头脑简单，事机泄漏，终于搁浅。却因此绾合了荫昌和百里的师生关系。宣统二年，百里随荫昌经西比利亚（今译西伯利亚）回国，任百里为禁卫军管带。

张宗祥先生云："庚戌，予任职大理院，百里自南苑来，联床寓中，话终夜不休，既恨政治芜秽，又惜学难致用，相与叹息。辛亥革命，百里出关，入赵幕，与诸浙人谋，宜独立以应时机，而张作霖等四统领，已声言百里之来，挟异谋，图叛乱，必欲得之以正法典。诸友促百里急行得脱。其时，百里已与蓝天蔚定约，谋独立矣。民初，百里任保定军官学校校长，以扩充计划受阻，愤而自杀（语见前述），赖急救得生。越半年得无恙。惟伤处忌冷，常以帛束胸。政府处以闲职，蛰居故都。予于民国三年春亦至北京，相见如隔世，明年，单丕（不庵）任北大教授，三人复聚于一地，盖阔别已十余年矣。如此者六七年。

民国十一年，浙人举百里任浙议会议员，余适亦回浙任教育厅长，乃有浙江大学一案提出，修订章制，为蒋君梦鳞之力，而议则创自百里。百里暇则至寓中，索家乡蔬膳，同饮湖上，十二年杨太夫人弃养，百里方在浙，亲视含殓，丧葬后，百里曾佐吴佩孚将军军事，再预孙传芳将军军事，皆未能用其所长，无所成。"

"百里门生遍国中，栽成者至多，而独契唐君生智。唐君与中央政见不合，卒至用武。百里方居沪，予再三劝之行，百里不忍，心坦然以为终能见谅。后被拘于杭，再迁南京。予至京视之，百里方坐斗室中作书，内典法帖罗列几架，以所书《金刚经》全卷赠予，易其号曰'澹宁'。呜呼，百里殆已知人生惟澹泊方能宁静矣。居无何，仍退居沪上。"

朋友们希望我把百里先生的生平说得完整一点，因此把张宗祥先生的追述，来补前文的缺失。张氏与百里为总角交，平生往来甚密切，所述该是第一手史料，却也有许多不可信，或时地错误处，因此存疑存信，我所取的详略不一。

张宗祥先生曰："百里幼聘查氏，及百里留学日本，杨太夫人使人致意查氏，不必守旧约，而查女力持从一之议，不愿毁约。百里归国，始成婚，久无子女，太夫人望孙切，又为百里纳一妾王氏，亦无所出。百里之受伤卧病医院也，有左梅首任看护，所以慰藉之者至周且诚。（事见前）迄今廿余年，凡随百里奔走者，皆左梅也。左梅生五女，曰昭，曰雍，曰英，曰华，曰和。昭将笄，早逝。"

附一：

蒋百里年表
蒋慰堂

  光绪八年（壬午）九月初二日寅时公生。公祖光煦字生沐，博学富收藏，刻有《别下斋丛书》，名重海内。父学烺字泽久，候选国子监典籍，著有《泄怀集》二卷。世居海宁硖石镇。洪杨之役，庐毁书亡。生沐公谢世，诸父分就故基焚余老屋拮据自立，泽久公独出门从师习医以自活，转徙平湖、海盐间，岁或一返里，省视兄弟姊妹。光绪七年杨太夫人来归，逾年生公。光绪九年（癸未）公二岁。父行医海盐城，赁屋天宁寺旁，公随焉。公生而歧嶷，貌白皙，目炯炯有神。四岁（十一年乙酉）太夫人授以方字。翌年（十二年丙戌）五岁授唐诗及四子书，琅琅成诵，越宿不忘，颖悟迥异常儿。十三年（丁亥）六岁。太夫人喜阅稗官野史，暇辄为之讲解，公喜，辄以书中人自命，嬉戏模仿之。十五年（己亥）八岁。公家贫，硖石人张冷生延师课其子，公伴之读。是年世谊查芸孙先生过盐见访，惊为神童，许以次女妻之。公九岁（十六年庚寅）已毕四子书，开始读经，能作三四字对句。十七年（辛卯）十岁，毕诗经、尚书，能作应制诗及制艺之起讲。十八年（壬辰）十一岁。父命返里就读于同族家塾，塾师倪勤叔深喜之。十九年（癸巳）十二岁。读左传、礼记、周易，所作应制诗文渐臻完璧，随倪师习灵飞经，婉秀有致。二十年（甲午）十三岁。闻中日之战，刺激甚深，其一生国防思想及弃文习武之动机肇于是。岁暮父病没海盐寓次，公先期归侍汤药，衔哀扶榇归籍。时家贫甚，家难国忧锥心泣血，公奉母归居故里，仍就倪师读而刻苦有加焉。二十一年（乙未）十四岁。母病，数延医投药罔效，慕古人割股疗亲事，阴刲左臂肉煎汤进，母病良已。公裹创不慎，日就溃腐，犹隐忍侍疾，兼役汲水量米，母疑焉，逼使前，强把臂启视，则脓血渍败絮几透，始惊痛，抱公而哭，公亦哭。急为延医乃愈。二十二年（丙申）十五岁。公耻于甲午之役，于读书外留心国事，阅《普天忠愤》集，常中夜呜呜，矢为国自效。二十三年（丁酉）十六岁。读五经毕，文采斐然，里中耆宿多重之。二十四年（戊戌）十七岁。春应童子试，历州府院八考，名均列前茅，夏补郡学生员。闻康、梁法自强之说，心焉向往，乃搜求新出书报，昼夜观摩，废寝忘食。秋赴沪人新创之经济学堂，研究法文、算术及中外史地等书。不三月北京政变，学堂奉令停办，公废然返，是为公所受之第二次打击，其民族意识孕育于是时。二十五年（己亥）十八岁。春赴伊桥镇应聘为孙氏塾师。其家有经世文编，因于课余泛览之，并应附邻各县镇书院月课。清明扫墓，便道访周族塾师，见案头有新任桐乡县知县方雨亭观风题一纸，计列三十，文体虽仍为制艺、诗赋、策问、论说等项，而题意革新，均关实学，非博通载籍洞悉时事者不能措一词，限期一月缴卷。公录之返塾，如期脱稿，总计数十万言，托友寄缴。及冬揭晓，取超等第一。再托友将卷领出，见全卷圈点甚密，朱墨淋漓，上有眉批数十条，卷尾总批百余字，其结论则曰："此真我中国之宝也！"按书院校士恒例，计分三等：超等十名，特等二十名，余为一等，其奖金及膏火制钱定额最高为三千文，最低为三百文。此次方令破例特定超等只公一名，给奖金及膏火银币三十元，并派员访公，促其赴桐乡相见，盖不惟重其文，且尤重其才，忧国伤时，旨趣相合也。此为公生平所得之第一次机会。二十六年（庚子）十九岁。春棹小舟赴桐乡，衣冠投刺，阍人传语去衣冠，以便衣入，方令降阶相近，笑貌温存，坚留午膳。席间纵谈天下事，公指陈得失，方大器重之，即谕以辞塾师，速入杭州知府林迪臣所办求是书院读书。课余再应林公所创之东城书院月试，比揭晓，又列冠军，凡五试不易。公名洋溢杭城，推为不世才，志士争与结契。入秋，林方更分廉俸促公东渡求学，公遂别母行。

附二：

痛苦中之追忆
蒋慰堂

先叔父百里公在受命代长陆大之役，于九月十六日寄聪一书，言即赴长沙，不久仍回汉至黔，道出重庆，可即相见。余于去秋侍赴欧洲，十二月十四日离德，不见已半年余，衷心喜悦，非言可喻。继以武汉失守，知公由湘经桂入黔，定在遵义住两星期，即来重庆，故日在盼望之中，十一月五日夜九时自外归寓，见有宜山来急电，惊悉公已于四日在途病故，此诚平空焦雷，使人不能信，亦不敢信，以从未得公患病之息也。此电有数码谬误不成文，终夜在床头翻阅电本，冀有相似之码，吉而非凶，然迄无得。旋起即赴电局对码，则所希误者不误，而电文更确，于是即发一电询为何病，继又询电文有否讹误，盖犹作万一之望也。七日晨起，乃知已见报载，悠悠苍天，所以待吾叔，待吾家者，何其酷耶。聪于八日乘车赴宜山，十三日到达谒灵，十九日扶柩安葬，千里奔驰，迴肠九折。窃思侍公二十余年，知之或较他人为多，欲有所记，以备秉笔者采择，而一月来神魂颠倒，每一执笔，心乱手颤，不知从何写起，在宜山时曾成数千字，自惭芜陋，即又舍弃，今以印行"特刊"。乃不敢以不文辞，谨就所知，铨述如下：

吾家系出宜兴，三迁而至浙江海宁县硖石镇，以懋迁获丰，至吾曾祖生沐公始好读书，善著述，尤以藏书名，即所谓别下斋是也。生沐公子八人，叔祖泽久公行七，即公之父也。生沐公遭洪杨之乱，家业尽毁，既伤时谢世，叔父辈各汲汲以谋自立。泽久公以体弱习医，娶杨太夫人于海盐，即家焉。清光绪八年，公始生，八岁即遭泽久公之丧。哀号如成人。杨太夫人悲痛成疾，时家贫甚，汤药侍奉，公一人任之，尝割股以疗，其纯孝盖如此也。

公稍长，从同里倪勤叔先生读，过目成诵，聪颖冠侪辈，年十七，即补博士弟子员，乃馆于离乡五里之孙氏为童子师，暇辄考书院月课，以膏火养母。为文恣肆雄迈，老师宿儒，竞相惊诧，乃受知于石门县知县闽人方公，资助赴日本留学。时际清末，竞言改革，有志之士，多出国以求新知识，故此行虽得方公之助，然亦公之深愿也。方公不久去职，几因不继，公乃以文自给，时所译著，多载《浙江潮》及《译书汇编》。既而入士官学校，毕业考列第一，乃为世重，然亦遭日人之妒，故自此后中日学生即分班教授，盖忌中国学生名列于日人之前也。

公毕业后，为求深造，特再赴德意志留学，任第七军团见习连长，统此军者即兴登堡也。斯时公所致力者为战略战史，颇多创获，德军官且以拿破仑言"东方将来必有一大军略家出现"相誉。宣统二年回国，初任禁卫军管带，继以东督赵尔巽奏调为总参议，清廷特下谕命往，此自不足为公荣，然时固以为异数也。辛亥武汉革命起，公密商当时统制蓝天蔚谋独立，不幸事洩，潜走入关，巡防统领张作霖捕之而未得也。

民国元年公任保定军官学校第一任校长，于校务规画周至，任事勤勉，因所订方案，阻于当道，弗克实现。乃召诸生训话后，突出枪自戕，虽被夺而弹已入胸，幸未伤要害，疗治而愈，其勇于负责有如此者。

民国二年，被任为统率办事处参议，帝制议起，密与蔡公松坡谋，先后出走。蔡公解职，伴赴日本就医，且经纪其丧，盖公友好中最笃者，即蔡公与蒋公尊簋也。斯时公所致力者，犹为军事学，故著有《军事常识》，风行一时。《职分论》亦此时所译，则为青年修身之用也。

民国七年，公承政府命，随同梁任公先生，赴法协助巴黎和会，翌年回国，授书北大，更编辑"共学社丛书"，改造杂志，主办讲学社，罗素、杜里舒、太戈尔皆应约来华讲学，转变学风，激起新潮。与有力焉。此时公于学问，致力最勤，亦最广博。哲学、文学、历史、艺术、经济、政治，几无不加以研讨，"改造"尚在，可覆按也。当时著作之行世者，有

《欧洲文艺复兴史》《裁兵计画书》，译本则有《近世我之自觉史》，其译著已散佚者，有释勒之《威廉退尔》及《钟歌》两种。自十五年以后，迁居南中，著述甚少，独好书法，研习佛经，盖公于学几无一不好，且无一不求有所得也。

二十四年又受命赴欧，考察军事，参观各国秋操。归国后，成《国防论》及《新兵制与新兵法》等书，时公所最致力者，为"国防经济学"，撰稿甚多，惜多未写定，而一年来迁徙靡常，文稿存佚，亦不得知矣。

去岁沪战起，公于十五日驱车至京，告聪以国事已亟，当献身为国。盖杀敌致果，本公之志也。继而奉命赴欧，嘱聪随行，朝夕所论，皆关国计，家人私事，绝少言及。每日除治事外，以读书为唯一消遣。此盖公数十年来之习惯，无论行旅必以书自随也。今夏自欧返国，精神愈见振奋，撰著更多，散见报章，无不足以振聋发聩，而于炎夏之跻，罄数日力，挥汗写《日本人》一书，案头除一统计外，无一参考书也。奉命代长陆大，就职后，会计庶务，均未接收，而忙于讲课，每次逾二小时，且不辞辛苦，参加演习。一年来奔走国内外，从未得一日之休暇，而复任繁剧，积劳成病，遂以身殉，呜呼痛哉，享寿五十有七岁，有女子四，雍、英、华、和。广西省政府公厝于宜山之鹤岭。公讳方震，字百里，澹宁则其年晚别号也。

民国二十七年十二月二十八日重庆《中央日报》

附三：

哀百里
高子白

  我国以新法编练国军，始自甲午中日战争之后，历四十余年矣。国家年选优秀子弟，分赴东西各国留学，国内亦广设军事学校，勤加训练，所造就之人才，无虑数十万人。然而其间能以军事专家名于世者，殊不多觏。合肥段祺瑞氏每以军略家自鸣，然国人未一致推许也。想吾乡蒋百里先生，则众口一辞，推为军事专家。及其亡也，齐声恸之，曰哲人萎矣！中国军略家亡矣！惋痛之声，胜于朝野，此其故何哉？盖军难于实验，纵有实学，仍须有雄辩之舌锋、爽利之笔锋以佐之，又须国学精邃，深识国情，始能融会他国之长，含英咀华，灌输国内，著述流传，雄辩广布，然后人无间言，始成众所推崇之军事家，岂一朝一夕之所能倖致哉。百里与予，弱冠同学，情谊最笃，学成用世，虽各事其事，然书札往还，讲学论难，月必数四也。每当荫息之际，又常共在一处，朝夕过从，赏奇析疑。予最佩其知识之丰富，论欧西各国国情，洞瞩织委，如数掌珍，予常笑之曰，君不仅为军事专家，且成外交家矣。百里亦笑，以报予曰，苟国家偶乏行人，而用我纵横捭阖，予岂多让。逮前年春战事将启，果奉密令出使德义，战兴奉命覆往，一月趣重洋，成绩炳然，可谓能践所言矣。予犹佩其识见之远大，宗旨之纯正。百里又常告予曰，中国而欲复兴民族，建设近代国家，必须与东邻结算总账，去彼缚束，始能登康衢而胜骧。是以"一·二八抗战"以来，百里奔走尤力。盖知平日所期望之时机已至，毕生之学力当于此时施展之，故不尽其精力，日夜奔走工作。奈何未竟全功，竟以此积劳溘逝哉。呜呼，百里逝矣，出师未捷身先死，精气长留天地间，我丧益友，国失环宝，所望后起之秀，于此抗战最后胜利将届之际，乘此军事实地经验之日，精研力学，俾他日军事专家辈出，蔚为国用，以完成建设近代国有复兴民族之大业，竟百里未竟之志，然后以生刍一束，祭百里于宜山之颠，吾知百里必含笑地下矣。

第十四章　史料述评

方震脑袋中装了四馆二院。四馆是博物、图书、历史、科学；二院是文学、军事。外加各式讲座，还带随意小酌。

——李烈钧

一个研究现代史实的人，他由个人直接知识得来材料，不过是极细微的一部分而已。其它的大部分的材料，都是由其它的证人来的。每一个证人，无论存殁与否，都可以发生错误，或者有意的导人于盲。所以一切的见证，都应该加以审慎的考证，以断其正确与否及诚实与否。

——沙耳非米尼：《史学与社会科学》

我这篇以蒋百里先生的思想与生活为主题的蚯蚓式的文章，即将结束了。在结束前，我想谈谈史料的考证与编次、史学上一些小问题。

我自信，我写人物史事，尽可能从"胡闹"气氛中脱出，君子于其所不知，盖缺如也。我保留着治史的纪律，宁可"存疑"，决不瞎造。

现代三大传记作家：①路得维希（Ludwig）②斯特拉塞（Strachey）③莫罗亚（Maurois），这三人中，我最喜欢莫罗亚，却敬佩斯特拉塞。至于路得维希，那是门墙太高，不可企及了。我这么一说，朋友们就会明白了。我一心一意要写成斯特拉塞式的传记，结果还是莫罗亚式的。一半也是因为蚯蚓式文篇，使我非写成莫罗亚式不可。

魏华灼先生翻译了莫罗亚的《雪莱传》，曾在叙言中说到新旧传记的同异。过去的传记，有的只是引证、笺疏、书目等的堆积，过于是纪念的、颂读的、教训的。其中所描写的人物，"只是英雄的雕像，美德与成功的过分扩大，内心冲突与失败，尽量的隐匿，结果他已不是人，只是至善的画像，全是光明面，毫无半点黑影"。现代的传记，可不相同了。形式上类似小说，引起读者的欣赏的兴趣。其人物是有美德，也有瑕疵的，具有血和肉的活人。传记家所写的传记，结构较富戏剧性，替他制造了一件艺术品。即如斯特拉塞的《维多利亚女王传》，我们不能说："这本传记，碰巧是一件艺术品。"我们应当说："这件艺术品，碰巧是女王维多利亚传。"

蒋百里先生是可传之人，他的生平经历，很多是可传之事。我呢，觉得他的许多见解，还富有时代的意义。但我并不把他看作是完人，当然不是圣人。他当然有着活人的优点与缺点，尤其是知识分子（士大夫）的共同弱点。他曾经批评过曾国藩只敢梦周公，不敢梦文王。他自己呢，连着他们那一群朋友在内，都是不敢造反、自立为王的人。百里也都是替剑把贴标语，如蒋梦麟先生所说的，其所以成为悲剧性角色，正在于此。

中国士大夫，即如孔、孟那样的圣贤，到头来，还是说："我生不有命在天？"汉代大思想家王充，他的批判精神，可以说是超过那一时代一切的学人，结果还是相信"命运"，好似冥冥在上的不可知力量在支配着他。曾国藩晚年对门人弟子也说，人生的成功失败，三分人力，七分命运。百里博通中外古今，看得多，见得远，可是他是相信命运的。有一回，中航公司民航机桂林号遇难，他的朋友徐新六在其中。百里说："新六非常可惜，这也是劫数，本来早几天他就要走的。"话呢，不妨这么说，但他相信命运这一点，和一般士大夫并无不同的。（他并不自以为是造命的人。）

在香港，要找一份完整的人物文献是很困难的，所以，我好几回，要想写几种人物传记，都不敢动笔。关于百里的文献，我手边有一部他的《抗战言论集》，收集得比较多，编得却杂乱无章。这是抗战第三年在金华出版的书。抗战军兴，大后方的出版条件，包括纸张、印刷种种都差得远。东南沿海一带，浙江、福建、江西比较好一点。这部论集，首先是张禾草和黄萍荪二君合作，黄君办了一个出版社，却带了市侩生意经，后来他们便闹翻了。禾草重新自行排印出版，内容差不了多少。依我的说法，上辑乃是百里在抗战时期所写的文章，大部分都是在汉口、香港、重庆《大公报》上刊载过。（可是要找一份战时的《大公报》，该多么困难。）只是禾草的日记，有着许多百里的生活记录，《大公报》上未刊过。下辑，乃是百里中年的文字，散见报刊和专册的，当然更不容易找到。我在商务旧书堆中找了一本他的《新兵器与新兵制》，颇有用。我所已找到的材料就是如此。

前几年，刘厚生先生的张謇传记出版了，这本虽名为张謇传记，实际上对于张謇本人的叙述，不过全书十之二三，而关于张謇时代之国际情势、政治背景、社会经济情况以及与张謇同时的政治人物，叙述详尽，却占了全部十之七八。这对于读者当然有好处，仿佛读了一部现代中国史，却也有时使人以为这是一部袁世凯传记。假使我们把时人的传记都写起来，岂非有叠屋架床之嫌，我个人想法，我们应该好好儿编一部完整的现代中国史，再编一部现代中国史料（辛亥革命部分，已经有颇完整的史料汇编出版了）。这么，我们写现代人物传记，就不必如刘氏的张謇传记，这么繁重了。

再则，张謇的一生，有他的生活种种，既是以他为主的传记，就不能单写他的社会政治活动的方面。我们看了这本传记，总觉得是不完整的。假使刘氏留出其它十之七八，来写他的生活思想，那一定有意义得多。张氏原是旧时代士大夫的蜕变中人物，他颇风流自赏，"胸中无量蓄诗意，倾写不尽姑置之"。他的散文，才气纵横，盘盘大手笔。黄任之先生挽联中说："早岁文章，壮岁经济。"所谓不作第二人想非耶。他是真才实料的"状元"。他爱好昆曲，欣赏戏剧，扶植梅兰芳、欧阳予倩，创办伶工学社和新剧场，提倡戏剧运动，这都值得特笔详记的。还有，张氏和沈寿的浪漫传奇，也正是张氏生活的一面；张孝若为尊者讳，已经失去了"画我须似我"的精神，试问《朱彝尊全集》，如真的删掉了风怀诗，那还像一个大诗人吗？张謇传记在这一方面的缺憾，使我们有非另起炉灶不可之想。

我既批评了刘氏的枝叶太多，再回看我们写的蒋百里传，或许又是枝叶太少，唯一可以解嘲的，因为这是报纸上的蚯蚓式文章，不能把野马放得太远的。我也得从实招来：在着笔前后，我实在没有工夫把梁启超的《饮冰室全集》翻看一遍，连《欧游心影录》，都不曾再看一遍。许多可以映衬百里的思想进境的，似乎不够明确。百里在谈论抗战一年因果那专栏的"余意"中，说到一般青年知识水平的进步，大出他的意外。他说："西安事变前十日，我才从欧洲回来，到香港，到上海，就有许多记者来问长问短。我是好说话的，但是他们笔记下的东西，我明天在报上看见，总觉得有许多不透彻。可是今年不同了，他们听我的话，同时又注意我的态度，摇蒲扇立起来演讲，也记载下来了；说话停顿了一下，眼光注视一下，他们也注意到了。这一种由局部而注意到全体，由表面而感觉到内心，总的说来，观察深刻了。第二是感情深厚了。如'战地与秋收'，向着稻田说：'……快快地成熟起来吧，让一粒一粒谷子填实我们前方战士的肚皮，增强他们杀敌的精力吧。'要不是真正有深厚的情绪，决写不出那种文字来。第三，态度严肃了。我在武汉一处座谈会上，一位青年女同志，她直接痛快地问：'武汉保得住么？万一武汉失了，又怎么样？'又有一位女同志问道：'中国经济力，到底如何支持的？前方发给士兵的五元一元法币，士兵们没法兑零，乡下人一担东西，也实在不值一元法币，总是没法找，这虽是小事，也生出了种种磨擦。'她们的率直态度使我有所感想，她们现在是实际生活，已经不是旁观的批评家了。"观察深刻、感情深厚、态度严肃，这三点该是百里所留下来的写作尺度吧，我也正在回看自己的述作呢。

（百里曾说："我写文章，在以前，不肯深刻地想。第一次从德国回来后，我写文的风格改变了。在日本做的文章，学梁任公的一套，长篇大论。在德国受毛奇的影响，他的《普法战史》写的五册。他说过：'如有时间，我要重写一本。'这话很有意义。"此语可备参证。）

答客问

或问：何为兵家？九流之中，何以没有兵家？

答：兵家，便是纵横家。这儿，让我来点小考证：书洪范五行："一曰水，二曰火，三曰木，四曰金，五曰土。水曰润下，火曰炎上，木曰曲直，金曰从革，土曰稼穑。……"初民的思想，本来如此简单的，我们不必如那些星相家一样说得太玄妙，求之太深的。他说水是润下的，火是炎上的，木是有曲有直的，土可以种五谷的，这都明白得很，大家都懂得。独有"金曰从革"，从董仲舒、郑康成、张载、程氏兄弟、朱熹到戴东原……，都不曾把这句话说明白过。直到安阳古物出土，我们从甲骨文字，才明白"从革"，乃是"纵横"的本字。"金曰从革"和"木曰曲直"是对举：金属物可以打成薄片，"纵横"扩展。所以"兵家"即"金家"，亦即"纵横家"。纵横家都是向各国诸侯上条陈、畅谈战略与战术的。九流之中,自有纵横家言,孙膑吴起,都是古代的兵家。

百里先生博通古今中外,他在东京士官学校求学时,已经读了《大战学理》及《战略论》的译本:他一边看,一边把精义写在孙子的后面。后来,百里留学德国,一意想访问当代的兵学家,最后才见了伯卢麦将军。(普法战争中,普军大本营作战课长。)这位老将军,年已七十余,可是好学不倦,再三修正他所著的《战略论》,公之于其国人。老将军送百里出门时,对他说:"你得努力,好自为之,拿破仑说过:'百年以后,东方将有兵学家出,以继承其古昔教训(指《孙子兵法》)之原则,为欧人之大敌也。'你的希望很大的。"百里读了他的《战略论》,觉得菲烈德、拿破仑、毛奇那些军事家的遗著而外,这部兵书是了不得的。

百里曾经着手写过《孙子新释》,可惜不曾完成。后来陈华元先生写《孙子新诠》,他在序文中说:"本书用以纪念蒋百里先生,他是伪司马法著者、李靖、唐太宗以后,第四个真正明了孙子的人。他的《孙子新释》竟因出版商的格碍而辍作。他的零散的偶然的说法,均显露出真谛的所在,曾予我以极大的暗示与助力。"他的推重百里,并不逾分的。

我希望朋友们不要笑我。有一时期,我也曾想写《孙子新笺》,一位朋友,他劝我不要写,他说:"别的书你可以写,这部书你不能写,应该请蒋百里先生写。"到今天,我才明白他所说的是对的,可惜百里不曾写完。

我于兵学,当然外行之又外行,但是有的话,还是非冒充内行说一说不可。《孙子兵法》,乃是军事哲学,谈的是战略,历数千年,而与日月长存。至于"战术",由于兵器的代有进步,因此与时俱新,不能拘守成法。近代最伟大的军事学家克劳塞维兹(Clause Witz,今译克劳塞维茨),他的《战争论》,也是战略名著。他是从拿破仑的对俄战争失败,研究出战略来,处处可以与《孙子兵法》相印证的。克劳塞维兹,他是德国军事哲学大师，从他这一派发展下去，则有大小毛奇、许利芬（Schieffem，今译施里芬）、鲁登道夫这些军事家的理论与实施。我们可以说：第一次世界大战与第二次世界大战的欧洲战场，只是这一派军事战略的实践，百里又是从欧洲战事实情来领会克劳塞维兹的战略的。

从失败记（汲）取教训，这是军事家的课程，我们看了董显光的《蒋介石传》，可以掩卷叹息的，就是他们一直不觉悟。自己的缺点有如项羽在垓下乃有天亡我之叹呢！

或问：百里先生如活到现在（这可能性是很大的，他如在世的话，今年不过八十岁，许多老人，如陈叔通、未启钤、章士钊诸老，他们都很健康），他的军事观点，会不会有改变？

我明白这位朋友的思想，因为目前的新兵器已进入原子时代，在飞弹时代的空军，也有划时代的改变，会不会影响到军事学的新观点？我的意思是这样：这都是战术上的改变，至于战略上的基本观点，百里死后这二十年间，在武器飞跃的进程中，愈加深了"国民皆兵"、"全民族战争"的观点。百里的"国民皆兵论"和"总动员纲要"，更凸出了时代的新意义。"国民总动员，不是全国人民一齐拿枪上战线，是全国人民，打仗的拿武器，种田的拿锄头，织布的织布，做工的做工。现在打仗，专靠血还不行，还得靠汗。地上一架战车，打起仗来只要两个人，但是战线后方要四十六个人帮他。天上一架飞机，地上要有六十个人的组织。欧战时，平均计算，一架飞机要一千工。你们要记得后方设备的繁重。军队动员，是以军队为主体，向国内吸取一部分材料，而加以组织。总动员是以国家为主体，将国内一切的一切镕铸锻炼起来，成功一个的国力，有这个力量，国家才能自保，人民才能活命。"这些话，百里说得很透彻。

且说我曾经发了傻劲，要笺注《孙子兵法》，我们那位老祖宗魏武帝曹操，他也曾注过孙子。我初以为用清代考证学家的法门加以诠释就行了。哪知并不这么简单，即如：《孙子》"计篇"第一句："兵者国之大事"，不是很简单明了吗？我们且看百里的新笺，他先引了毛奇将军在《普法战史》中的话："往古之时，君主则有依其个人之欲望，出少数军队，侵一城，略一地而遂结和平之局者，此非足与论今日之战争也。今日之战争，国家之事，国民全体皆从事之，无一人一族可以幸免者。"他又引了克鲁塞维兹《大战学理》所下的战争定义，说："战争者，国家于政略上欲屈敌之志以从我，不得已而所用之威力手段也。"接着，便是伯鲁麦《战略论》所说的："国民以欲遂行其国家之目的故，所用之威力行为，名曰战争。"百里自己又怎么说呢？他说："既曰事，则此句之'兵'，即可作战争解，断不曰'战'而曰'兵'者，盖兼用兵（即战时运用军队）、制兵（即平时建置军队）二事而言之也。'兵'之下即直接'国'家，则为孙子全书精神之所在，而毛奇之力辟个人欲望之说，伯鲁麦之一则曰国民，再则曰国家之目的，皆若为其注解者，岂不异哉！"这就不是我们谈考证学的人所下的笺注了。

从战略说，三千年前孙子的观点和三千年后的克鲁塞维兹、鲁登道夫、毛奇诸家之论相合，这就是百里要启发我们的微旨。试看《孙子》第二段："经之以五事，校之以计，而索其情：一曰道，二曰天，三曰地，四曰将，五曰法。""道者，令民以上同意也，故可与之死，可与之生，而民不畏危。"百里引了毛奇《普法战史》的话："今日之战争，非一君主欲望之所能为也，国民之志意实左右之。顾内治之不修，党争之剧烈，实足以启破坏之端，而陷国家于危亡之域；大凡君主之位置虽高，然欲国家决心宣战，则其难甚于国民会议。盖一人则独居深念，心气常平，其决意未敢轻率。而群众会议则不负责任，易于慷慨激昂。所贵乎政府者，非以其能战也，尤贵有至强之力，抑止人民之虚矫心，而使之不战。故普法之役，普之军队仅以维持大陆之和平为目的，而懦弱之政府，（指法）适足以卷邻国（指普）于危亡漩涡之内。"百里说："本节文义甚明，'民'者接上文'国家'而言，乃全体之人民，非一部分之兵卒也。'令'者有强制之意，政府之本领价值全在乎此。……兹特举普法战役之例，以见国民虽有欲战之志，而政府懦弱不足以用之，卒至太阿倒持，以召覆败之祸。"这样的笺释，即戴东原复生，也写不出来的。

我有一回和百里先生谈到"毁"的哲学，我说："世间的学问，不管怎么说，只是一半的道理，房子如何造？铁路如何建？动植物如何养育？都有专门学程；独有房子如何毁？事业如何败亡？生物如何绝灭？就很少人去研究了，历史家比较还注意败亡一方面，大部分还是在作歌颂兴起那一面的功业，信史就很少了。"他听了大感兴趣，说："对，军事家就是在溃败的覆辙上找出轨迹来，克劳塞维兹一生就研究拿破仑的溃败，而建立他的《大战学理》的。"他就劝我好好儿把"毁"的哲学系统地写起来。[我四十以后，曾有几个研究课题，一个是梦的分析，我的分析，和佛罗乙德（今译弗洛伊德）走不同的路，而是从"白日梦"着手。又一个便是"毁的哲学"，重新建立我的史观。这两个课题，都不曾建立完整的体系，在这儿附一笔，或许会有人在这一方面有所发展的。]

有位朋友问我：假如百里在世的话，蒋介石的军事情形是不是比现在好一点？我说："凡事不可以说得这么容易，看得这么简单的。我们今天所研究的，乃是蒋介石何以失败，如何失败。一个历史研究者是不能在'假使'前提上作结论的。"百里对蒋介石也只能开药方，至于老人是否会吞下苦丸子？那就不可知了。这从陈布雷先生以"死谏"的后果，可以看到了。

最近有一本所谓内幕新闻刊物，也详叙淮海战役的经过，依他的说法，杜聿明所指挥的蒋军是不该失败的。（他下笔时就下了许多"假定"，以为蒋军不该失败，好似这场失败很冤枉似的。）是的，蒋介石自己也想不到这么失败的,那时张治中氏从西北回到南京,他就向蒋氏进言,重开国共和谈。蒋氏说:"等淮海这一仗打下来再说。"他自以为一定会打胜仗的;打了胜仗,他就可以对等和共方谈和了;然而,打了败仗是事实,再多加点"假定"也是枉然的。所以,痴人说梦是无补于事的,我们用不着作"蒋百里如活在那时"的假定的。

我们追叙的,乃是说百里曾经作了许多军事上献议,而能实践这种献议,并不是这么一个军事领袖。

附一：

与蒋百里先生一席谈
黄萍荪

开玩笑似的，我曾给蒋百里先生推过命，断定他的格局是"十全大破"。"十全大破"者，是偃蹇一生，不为世用，也可说是怀才不遇，遇则不终之意。这在平常人，原不足怪，若以百里先生的学问器度，说是不能大用，终难置信。况且他是真拿得出东西，真有人所不及的地方在。可是他自学成归国，出任第一任保定军校校长，因献策当道格不予行之故，竟愤而自戕，弹穿腹背不死，被袁世凯识为与教书先生之"绝粒救国"、"断指登坛"无异，命曲同丰接其校长以后，就转辗南北，如酬应品似的戴了多年"参议""顾问"的帽子；不但终其生未能一握军符，即连什么总长、部长、次长乃至厅长一类的位置，都没有份儿。虽然是以军略家名于一时的这样一位人才。

民国以来，蒋百里的名字似乎有过三个时期最为新闻记者所熟道，读者们所熟知：一为任吴佩孚之高等顾问；一为任孙传芳之高等顾问；三即抗战军兴，聘问欧陆各国，并运用他那支纵横不羁，犀利深刻而富于文学、哲学、军事、政治性的妙笔，盱衡敌我得失，以坚国人志念。因为拿得出真凭实据，不说一句空话，故每一篇出，遐迩传诵，万人钦仰。于是蒋百里三个字，渐从稍稍留意中国政治舞台上人物的中年人的心目中，深入于青年社会之群了。是为第三期。

百里先生欧游归来，寄寓汉皋德明饭店，白天和诸将领畅谈军国大计，入夜则埋首案头，书写不辍。《大公报》记者与之交谊素笃，索其文料至亟，每成，常不待他签名就拿去发排，如《日本人——一个外国人的研究》一稿。首得在该报按日刊载。这篇文章发表以后，军略家的蒋百里反为文名所掩，《大公报》销数每天竟因此而平增万余。且竟有人于天未明时，在该馆发行部门首鹄立以待。

《日本人》初发表的时候。题下未署作者名姓，读者蒙在鼓里，猜不出是哪个做的，有人疑心郭沫若，也有说是陈布雷。郭在日本多年，固熟读其国情，但作风不若，陈氏之笔，虽以流畅婉转著称，然于三岛风光，似又无此亲切，遂有以为出自外人者，盖就文法上观，则又绝对不类译笔，直到登至最末一章的最后一行，才露出"蒋方震于汉口"六字。于是熟人就说："百里先生，你真会开玩笑。"不熟的自语道："果然名不虚传。"

蒋方震的名字露出以后，德明饭店的会客厅里挤满了各界人士，没有一个不是来看蒋百里的。

蒋百里虽然不认识这许多人，但从他热情的眸子里望出来，又仿佛全是相知十载的老朋友。那一天，他高兴极了，被围在这些虽不素识，却是心仰或私淑他已久的人们中间，滔滔不绝地谈着，使来访的每一个人，于读其文章之暇，还领略了作者的言论风采。他说打算费十年的功夫，准备为《世界军学史》这样一部书，倘能如愿，那么，蒋百里的地位在世界上至少可以多占百年。若《日本人》者，虽侥幸得轰动一时，毕竟是小道，不能登大雅之堂的。

文章引起读者的共鸣，是执笔者最光荣的事。百里先生的兴奋，有甚于政府委以任何优越的职位呢。

武汉回来和百里称生熟识的朋友这么告诉我，我暗地吃了一惊。我以为我的推断是错了。格局定他"十全大破"的人，现在要走运了。虽然不做官，而在学术界、舆论界所负的声望，已经响彻云霄了。

先是之断其"十全大破"者，谓其当校长为袁世凯所摈，任吴佩孚之高等顾问，吴佩孚于民国十六年汀泗桥一战，亡命川中。任孙传芳之高等顾问，孙传芳又一败涂地。北伐告成，今军委会委员长奉化之蒋公，为国聚才，用人秉公，幕中龙虎风云，精英毕集，以蒋氏之贤，只要过一相当时期，自不难重为出岫之云。寻唐生智与中央议勿合，拿老师蒋百里来做箭垛，当局为避免此一代人才供人利用起见，邀之日下，加以珍护，其事三年始初。之后，百里先生的意兴好像非常阑珊，闲居沪渎，一直过着寓公生活。但在那一段时间中，对于学术界他有很大的贡献，名著《国防论》的腹稿，即于此时所拟。他遍鉴中西典籍，自谓五年之中，读书已积万数千余卷。

民国二十五年二月，蒋氏自京抵陕，拟对最高当局有所贡陈，适逢国史上独占一页之"民族复兴节"，即所谓"西安事变"。事情没有发生以前，他也和邵元冲、蒋鼎文诸氏一样，同为中国旅行社西安招待所之贵宾，事发以后，杨虎城的新大厦中他也占了一席。有人说，百里先生有过军政部长的呼声，似乎就在他到西安去的那个时期中。

蒋方震代理陆大校长的任命发表以后，识与不识，都庆得人。我看到报纸，极愿自己的推算不确，百里先生最好从此腾运，为世大用。因想如此人才而不为世用，决非国家之福。不料车抵宜山，宿疾复发，因失良医而殂于途次，以校长相终始，可谓数奇矣。

我和百里先生虽只一面之雅，但想到他对于青年人爱护备至的那种热情的流露，真使人永铭心腑，没齿难忘。

与百里先生会见在民国二十五年之仲春，其时他从京师偕李协和（烈钧）来游西湖，止于南屏汪庄，余以故人子进谒，兹即夕假杏花邨为之洗尘，因得畅叙终日，获益良多。

百里先生是中等身材，虽不魁梧而颇伟岸，两鬓斑白，眼光慈祥，鼻梁的准直隆起部分配置得当，有些异乎常人。他把我让到上首一张红木太师椅中的时候，第一句便说："不用问，一望而知是某人之子。光绪三十年，我和你父亲同在神户，那时他刚新婚，大家还都笑他……唉！日子过好快……"百里先生有点感慨起来。军略家这样富于感情，我想虽怪只能止于虎帐谈兵，不得叱咤风云，正因为他就缺少一股"煞气"，那每个军人所应具的。

百里先生指间的卷烟是不绝的，一支又一支，若与其谈话相符节，你只要看他烟吸得起劲，则说话一定高兴，说话高兴的时候，他会忘记时间，忘记疲劳。那天，他除询我家庭情况，和个人之所经历外，还有好多值得书以示人的名言，留在我脑中心底而永不磨灭，他说：

近二十年来，中国的青年人犯一椿毛病，就是人人不打量一下自己的学问经验，而人人喜欢躁进急就。结果，不独偾事。且连带地患了早衰之疾。我常见一班四十左右，学验正富——正当大有作为之时——的人，偏多消极，说是要想逃世隐居，效渊明《归去来辞》中的故事。这倒还是比较超拔的一种，最不行的是怨天尤人，恚懑自苦，对任何工作都打不起精神去赴，究其原因，都系病在早熟；故早便成为自然之真挚。但这是很危险的，不特影响其个人，且兼及民族国家。唐人诗"同学少年多及第，五陵裘马自轻微"，眼望他人少年得志，自己青衫依旧，心下不免知艾，以为论本领，我何尝拙于人家，为什么人家没有几年，就青云直上，显达一时？这样一想，难怪要"命也夫"，难怪要"求星问卜"，难怪有些"大不同""普天求"之类的人要盖洋楼，置姬妾，徜徉于金玉之中了，……老弟，一个人，抱负是不可少的，有抱负而后可以立志，不然，庸俗一世，岂不可惜。但是你须记着山谷所谓"心如铁石要长久，气吞云梦略从容"这两句诗。这两句诗的解释很广泛，要自己去领悟，现在转赠给你，作为父执和你初见时的一点小小礼品，莫嫌稀少……

这番说话，无一句不注入我的肺腑。三四年来，我之畏于轻进，和渐知怎样琢磨自己，陶冶自己，使所谓"抱负"这东西蓄积、充实，经几酝酿而待熟后再图展布者，可以说全是百里先生的教训所致。

这个人的热情与对后生的奖进，无不出于至诚，他虽是这样说着，但接连问我两次有什么需要他帮忙的地方不，我说我别无所求，只希望为发刊不多时的《越风》杂志写几篇文章以实其内容。回答是："理论文章不合你的体裁，历史小品又多见于前人笔记。现代之史料掌故，大都还不能据为定论。至闲谈人事，又怕惹人之恼，我是不喜欢在笔下开罪于人的。除此，实无可记的资料……若写自己，在目下虽似风行一时，但总难蹈自炫之耻。其实我一生的经过，可记的也有不少，但我的希望，自己的事要别人来，一定会比自己执笔生色……"

百里先生好议论而不失真，虽偃蹇而少悲观，我瞧他高兴，也就不客气地问了他些不应该问的话。我说："百里先生，人家都说你这一生很少得志的时候，这到底是怎么回事？"虽然有点不近人情，但我想，这正是想听百里先生发为议论的大好题目，故有此非礼之问。

"老弟，你真厉害，会窘我。不，我知道了，你是想打开的我话匣子？好，我说一点给你听吧；我之不得志，无待人言，自己也明白，不但一时，恐将终世。然而，你得知道，与其谓蒋百里不得志，毋宁谓用蒋百里者不得时。所谓'苟有用我者，期月而已，三年有成'。但我为什么不能得人之用呢？夸大些儿，亦如子贡所云'夫子之道至大也，故天下莫能容'。盖老朽所遇，每有'良农能稼而不能为穑，良工能巧而不能为顺，君子能修其道，纲而纪之，统而理之，而不能容……'。所以颜回说得好：'……夫道之不修也，是吾丑也，夫道既已大修而不用，是有国之丑也。不容何病。'但我并不如仲尼一样，临河而叹，于'美哉水，洋洋乎，丘之不济此，命也夫！'我虽不得志，不因此而颓唐。你想，韩非为李斯所僭，在缧绁中尚能作《孤愤》、《五蠹》、《内外储》、《说难》等五十五篇，时至今日，学者犹诵其文而仰其人，可见'志'，不一定在'得'，要紧的还是在'传'。况我今日所处，优于韩子者奚止千百倍。你瞧我谈笑自如，有半点不乐意的地方透露人前吗？但是，能说'蒋百里一生不得志'这句话的人，多少总是我的知己。我愿和此人订交，你说是不是？……"

这段说话，最有精彩，既可以代表百里先生的人生观，又可窥其所抱负。幸而当时特地把它笔记下来，今朝还留得一些鸿爪，仅为凄苦的回忆。现在摘记怀人，未免有点腹痛。

百里先生与吴佩孚、孙传芳都有相当关系，不是泛泛的幕僚可比，对他们的认识自然独深，因询其一人孰是。答曰："吴子玉虽是举人，但读书不化，刚愎天成，他之一意想描摹'关''岳'，就是读书不化而强求其解的缘故，但亦正因有此，所以在旧式军人中能够以坚贞著称。其实，是勉强的。不过这种免费的功夫，常人殊难学到，故仍觉可贵。其败，在自信过甚，总以为人谋皆出己下，所以一蹶之后，不易再振。孙馨远天资有余，惜少读书。然而礼贤下士，自谓兄弟一介武夫，但习军旅，不谙政治，还请诸位帮忙。这种小心眼儿的地方，较吴子玉的常拿关壮缪武岳穆的面孔对人，高明得多，其败，在自作聪敏，好弄玄虚。且待人不诚，喜怒可虑，所以不得善终，但这两个人在位的时候毕竟都想做一番事业，纵使大权在握，尚不敢故为非份。这是一部民国军阀史中，对吴孙二人最适当的评语，不能以我曾与之友而歧视之。"

李协和先生走进来了，姚味辛君继之。李先生说："百里先生的健谈是著名的，新闻记者遇着他，顶有趣味：然而也顶苦。因为来不及记。他的肚子里包念四馆两院。四馆为博物、图书、国史、科学；两院为文学、军事。外加各式讲座，还有随意小酌。回头到杏花邨喝起酒来，你们就可畅聆他的随意小酌，其中有春明掌故，海外轶闻，大家更要不亦乐乎呢……"老将李协和先生诙谐地代结束了我们的谈话，接着便同乘一舸，泛于湖心。百里先生指 金门外"藕香居""三雅园"旧址谓："光宣之际，我和钱均夫（家治）、张闻声（宗祥）并令亲张承礼昆仲，常假此小叙。闻声和均夫都习教育，只有承礼同我考入士官。他天份特高，为同乡留日中特出的人才，归国以后，发达亦特早，不幸死在内战，军阀之摧折将才，于斯可见。（萍荪按：张先生为家三姑丈之胞弟。杭州人，曾代理四川督军,于民国七八年时,与刘存厚等参与川省军阀初期内斗,殁于行阵,并遗体亦不可得。无子,表兄继辉嗣之。身后萧条,赖百里先生多方张罗,筹资数万,作为抚恤遗孤,教育子女之需,亲友无不感其风义。)均夫近研释典,阒声整理古籍,对于晚年的兴起,可说都得其道。独余如粤谚所谓'吊儿郎当',还许风尘中奔走;虽无所事,可是想静下来,让你安心动一动笔的时间,不知怎样,总是分抽不出……"

百里先生这样说着,协和将军接着道:"不然,你的奔走风尘无一处不有收获,不论是自然界以及社会上的人事物,在在都是充实你智囊的资料。至形之于笔,仅时间问题,不得谓之枉费。唯我,既不能诗,又不能文,白白地混了一世,才真是笑话呢……"小艇闲话,不嫌桨缓,抵杏花邨时,已经是红日衔山、暮烟四起的时候了。

那天晚上是有相当热闹的:席间除同舟而往的蒋、李、姚外,有诗人柳亚子,艺人张大千,小说家郁达夫,名士而兼中委的经子渊,监委刘季平,都在湖上不期而遇。这些人中间,只有大千和我点滴不入,其余则无一不是酒仙,猜拳行令,填词赋诗,逸兴遄飞,喜乐达于极点。

是夕,绍酒连饮四十二斤,冠军属诸蒋经,亚军推柳郁李,姚君亦不弱,可谓痛饮唉。

百里先生与子渊先生的豪于饮,真使人吃惊,二人同时因为要尽兴,置自身的健康于不顾,也同样使人咋舌。不幸的是,两人同在一年中先后谢去,并"江南刘三"(季平)亦与之。于中国文艺界的损失,不可谓不大。

这是废话,且说我和百里先生自湖上会见后,第二天他便去玩东西天目,又循杭徽公路而游黄山,不再过杭,所以一直就没有重见的机会。此后我在京沪一带上下,也因为来去匆匆,无暇往访。

民国二十六年之元旦。接其自沪上所寄写在"发笺"上的一副七言对联,那上面的句子,就是引用初面时所赠"心如铁石要长久,气吞云梦略从容"这两句。书以篆文,衬以旧纸,更觉古雅可爱。自湖由腥膻,寒蝉所藏被寇军莠民劫掠无遗,百里先生的墨迹,不用说,也在同一的运命中了。先前总还以为只要"留得青山",不难重求,后见季平、子渊,都先后捐馆,不禁悔恨万分。及至百里先生病殂宜山,我已经悲痛得连悔恨气息也不存了。

现在我辑其遗文,心里就非常难过。写这一篇非悼非念之短文者,用意即在将我这积尘心头已久的悲感稍微发泄一点。我想到他在宜山那个僻陋的小城中,没有一个好友瞧着他而寂寞地死去的光景,则我惟有借张闻声先生的《哭百里》诗云:

白头离乱聚南荒,三日分襟各慨慷;磨蝎半生悲往命,黄花晚节盼奇香。宵深病急难求药,地僻医迟未处方;如此人才如此死,旅魂凄绝鹤山傍。

最后,我还要说一句:百里先生不但不是政治家,且连想在政治舞台上活动的欲望都没有,虽然露过几次面,只是客串而已,所以到死还不曾结过党派,若以友谊论,则他和各方面又都有深切关系。

蒋百里,终其生"不脱书生本色"。我想,大概是可以算为"定论"了。

二十八年一月于金华

附二：

关于蒋百里先生文选
熊十力

萍荪先生：

惠件由复性书院转到。力于二十八年赴嘉州，曾被倭机炸损，书籍衣殆尽，老躯亦曾受伤，旋辞复性，回北碚，在梁漱溟先生所办之勉仕书院暂为休止，院中无款，无力招生，亦谈不到讲学也。

先生纂蒋百里先生文选，此意甚厚，此功甚巨。百里先生于文学、政治、军事各方面，无不擅长，其襟度冲远，德行醇固，尤为士林矜式。享寿不永，诚国家之大不幸。先生集其遗文，使其心事常得昭著于国人之目，则谓百里先生不死可也。文集中最要者《国防论》；国防论莫如众志成城，而山河之险与设备之精，皆其次也。然众志成城，非徒恃众而已，恃乎众志之凝且一也。吾中华民族实质上无所谓五族，元始本同一血统由中原本部而滋长日蕃，蔓延四出，其在东北西北诸边者，文化发达较低，遂被称为胡，一犹春秋时吴楚之被斥为蛮夷也。满、蒙、回、藏与中原汉民同是三皇五帝之裔，回教哲理与六经中言天言帝之旨，亦足融通，不可妄分五族，而使众志之凝且一也，余绝非附会之谈，史实如此，此曾有一讲稿发表，措未甚流通耳。此与百里先生之意，可相印证。以此信附之《纪念之叶》，亦无不可也。

卅二年十一月十九日

附三：

蒋百里先生文选后序
钱基博

浙江黄君萍荪搜辑蒋百里先生文选，而以余之好谈兵，疑与先生有故，索为一言。而预播姓名于执笔之列，数以书相促，苦未有以应。然余于先生无故也，而不能不谓知先生。盖世之知先生或接声音笑貌于言谈过从之余，而余之知先生独会精神识趣于语言文字之表也。余勤于读书，而疏于接物，今人与居，古人与稽。然欲执古之道，而以御今之有，参以人事，而观之时古，验之当世，时贤之言论风采，虽罕晋接，时贤有文章著述，则无不读。余读百里先生之著述而知先生不为不久矣。余之知先生，盖以民国三年读梁任公先生主编之《庸言》，中载先生《孙子新释》一篇，叹为古书新读，会心正不在远，反复数过，历历心头。而今读萍荪所辑文选，《孙子新释》，赫然列目，重温故书，如睹故人也。余少好谈兵而未有所试，然中国古兵家言，无不搜讨，而清季直隶湖北练新军之所译《东西洋兵法》，亦多购阅，欲有以观其会通而准今以酌古，观当日江南新军之耗子弹以习射击，而不练枪刺操以习对搏，以为无当实用，而亦不慊日本之枪刺操，当贻书云梦吴绶卿将军，有所论列，谓"日本之枪刺操，有劲而无巧，式简，变化少，而中国兵器之用，不外击刺，棒以击，矛以刺，刀之砍，亦击也。惟剑与戟击刺两施，劲巧兼擅，如善古代刀矛剑戟之用，神而明之，而用之于枪刺操，尤足以习手足，便搏接而立攻守之胜。燕赵古多技击之士，方今不乏健者，盍广招延而于此加之意。昔戚武毅练兵南北，著有长兵、短兵、拳经、剑经之篇，以教士卒，如能推陈出新以著枪刺经，必以绍休前人"。将军复书嘉许，而未及有所施也。及辛亥革命，观江南诸将自以为革命有功，贪财好妇女，瞋目语难，以声色自娱嬉，而不知兵之有学，心所谓危，而逢译《日本参谋须知》，参以己意，成《参谋论》以登民立报，意欲有所警发，而人微言轻，莫之省也。时余规某师长不能练兵，不如解兵，谓"辛亥革命之成功，清廷特以虚声下耳，此后必以实力。然辛亥革命之执枪者，今则以功擢而执指挥刀矣，谈何容易。若而人者，执枪尚能射击，执刀以何指挥？何也，以未尝问学也。公诚以为所部堪一战乎？"及民国二年以有二次革命之役，而余之言卒验。余还读我书以养吾恬。而得读先生《孙子新释》以开拓万古心胸，窃叹天下未尝无人，而中国兵之有学，将必于先生肇之，诚以未见颜色为恨。窃谓先生之论兵也，善衡今而道古，尤推陈以出新，惬心贵当，此其识有独到。观于先生之论井田，以谓"所以致力于沟洫者，非特以养农业民族之灌溉，抑亦以制游牧民族之纵横。夫阡陌交横，沟渠旁午，固以限上古戎车之马足，由今言之，亦何尝不可以制重兵器之驰突无前。"其说是矣。独念抗战之初，余在里中，有友过谈，余言："南北宋时，辽金骑兵锐不可当，北宋之于幽燕麟麟，南宋之于荆襄淮蔡，沿边之地，无不有塘泺、方田、稻田、榆塞为之险。塘泺系卑下潴水所成；方田，系地形稍高，穿渠引水者；稻田，系地形平易，可以灌溉者；榆塞系冈阜之地，植榆为阻，四者可以阻胡骑之冲突。其详据见《宋史·何承矩传》及《薛季宣浪语集》。方今日人有坦克车兵，而我无之，国道如砥，适以藉寇兵而资驰驱耳。十年树木，榆塞非旦夕所能为力，塘泺、方田、稻田，似可因地制宜以为经画。"友人大笑曰："子乃欲以宋人御胡骑之法，而以制现代科学战争之坦克车兵耶。"余亦为之愯然。而今诵先生之论，乃自知其匪迂尔。余读先生著《巡视欧洲西战场记》，尝引《左传》长勺之战，用曹刿盈竭之论，而阐一九一六年凡尔登之役，法之所以制胜，以谓"德军之倾全力以略取阵地也，法军决不分其主力以求原线之维持，而故控其力，取攻势于敌人既得阵地以后。以我之力有余裕，乘德之攻坚力屈，一鼓作气，此则曹刿三鼓之原理，而用之以最新武器者也。"间尝窃推先生之意，补之曰：长勺之战曹刿论战勇气，再衰三竭，彼竭我盈，以我之盈，乘彼之竭，此法之所以胜，胜之理也。必之战，随武子陈楚军行，前茅虑无，中权后劲；以后之劲，承前之无，此法之所为胜，胜之法也，昔左文襄公每诏所部曰："兵事利钝，未可预知，而锐进须防其退速，后劲尤重于前茅。盖战阵之事，最忌前突后竭，行军布阵，壮士利器，厚集于后，则前队得势，锋锐有加，战胜无兵力愈增，必胜之著也。若全力悉注前行，一泄无余，设有蹉跌，无复后继，是乃危道。"呜呼，此德人之所以百战百胜，而法卒以承其弊于昔日也。法人蒲哈德氏尝著德大将兴登堡欧战成败鉴，其大指以谓："善治兵者，不主前线之密集，而主后线之坚厚，果后线之军脆薄，则前线□蚵，全军溃不可支。夫德人殚锐军力，而不图后继，一击不中，亦以一蹶不振。何如我福煦元帅老谋壮事，力故控其有余，以轻兵置前线，而后线则厚集兵力以承前线，盖兵数密集，易为敌人之兵火聚殪，前线兵稀而散，则敌人之炮火虽密而无大伤害，而兵力厚线阵厚之谓中权后劲"。观于今日之世界大战，德人以新式武器为闪电战，推锋而前，而不得逞志于苏联，苏联则以坚制锐，厚集其阵以为纵深之配备，亦不外推行此义，而阵地愈深入，兵力愈增强，不殚锐竭力以坚持前线，而"前茅虑无"，"中权后劲"，故控其力于后卫以伺德军深入，而薄之于再衰一竭之余，此又德人之所以百战百胜而苏联卒以承其弊于今日也。呜呼，世人无不读《左传》，而读《左传》以衡新战术，惟先生为能好学深思，心知其意。而余浅见寡闻，诚亦未敢妄自菲薄。顾目论者又或睹飞机坦克车之九天九地，兵器之日新，而瞠目结舌，莫明所以，余每引司马法以晓之曰："兵器万变，原则不变，长短兼资，配合以战"，司马法言："兵不杂，则不利，长兵以卫，短兵以守，太长则难措，太短则不及，长以卫短，短以救长，迭战则久，皆战则强。"古之所谓长兵，弓矢也；短兵，刀矛也。今之所谓长兵，空军也，炮兵也；短兵，坦克车兵也，步兵也。观之上古，验之当世，不过由刀矛弓矢之兼资，扩展而为近代步兵炮之兼资，又扩展而为现代步兵炮兵坦克车兵空车之兼资，"长以卫短，短以救长，迭战则久，皆战则强"。古今之兵器虽变，而所以用器，其中胜负得失之故，岂有异乎。因为推论戚武毅长兵短用，短兵长用之意，然而会之者鲜。呜呼！世变日亟，亦已繁矣，而所以阐世变，贵能以简御繁，俗士震欧化而惊于新，莫能知新温古。儒者又笃古而不通今，罕有推陈以出新、讼议纷□莫衷一是，惟先生有以见天下之赜而观其会通。呜呼，此博学通人之所以为命世间出也，燕居坐论，恨不得与先生抵掌上下古今而□质正之。独念先生昔年奉手于梁任公先生，执礼甚恭，而余□十以前，亦读任公先生之《新民丛报》而有所感发，任公先生尝著《中国地理大势论》，余则为广其意而著《中国与地大势论》以投稿，任公先生不以鄙弃而复书奖，藉亦有意引而进之，既而余以舌耕傭书，不通音问者二十年，及民国十四年而晤于北平，任公先生谓"适从何来，据集于此，何二十年不闻踪迹"。余逊谢曰："教书耳，先生用世，而伏则欲以自用；先生为政，而伏则苦未正己，语默不同，未欲以渎也"。任公先生为之默然，然先生以执礼于任公先生，颇或为人不谅，伏则萧然守寂以自疏外，抑亦几罹世纲，人生实难，来者难诬，而文章足以经国，先生于是为不朽矣。

  民国三十三年二月无锡钱基博谨序，时避兵湘中之光明山

第十五章 悼 念

　　百里先生是中国有数的军事学家,他未曾带兵,而他的学生多是典兵大将;他的军事著作虽不算多,而片语只字都可做兵学经典……百里先生的渊博宏通,实是一位罕有的学者。中国历史上有名的军人,多是文学修养很好的人。百里先生如果典兵,便是典型的儒将风流。

——王芸生

　　方觊功能济国艰,岂知讣报发宜山!论兵迈古开中外,揽辔澄清志羽纶。天下英才犹待育,云霄立鹤早间关。腥膻遍地迷无路,渺渺征魂可易还。

　　忍将老泪哭齐年,童稚情亲倍黯然。岂仅文章垂后世,更无谈笑获随肩。攘夷方急中原日,赍志长悲欲晓天。伯道乏儿苏武妇,我来何处吊新阡。

　　松坡早谢韵松亡,黯黯同侪欲息铓。驱狄方期峰井伯,挥戈忽丧鲁灵光。才闻汉节旋殊域，遽报箕星陨鬼方。寂寞宜州山下月，只应黄九与参行。

龚生虽夭却成仁，殉国亡躯志已伸。还忆伤心严谴日，翻成尽瘁鞠躬身！青灯往昔几年少，白发而今一故人。从此逢秋倍增感，重阳风雨菊花晨。

——高子白：哭百里同学

高子白将军，我们浙江军界的前辈，和百里先生同年同学，弱冠缔交，长益相得。百里之丧，友朋赋诗痛悼，除了上面高氏的四律，张宗祥先生也有一首挽诗：

白头离乱聚南荒，三日分襟各慨慷；
磨蝎半生悲往命，黄花晚节盼奇香。
宵深病急难求药，地僻医迟未处方；
如此人才如此死，旅魂凄绝鹤山傍。

这都是对百里很知契的话。子白说："甲午以后，我国以新法编练国军，国家年选子弟分赴东西各国留学，国内亦广设军事学校，所造就人才，不下数十万人，其间能以军事专家名于世者，殊不多观。段祺瑞每以军略家自鸣，国人未一致推举也。惟吾乡蒋百里先生则众口一辞，推为军事专家。及其逝也，齐声恸之，曰中国军略家亡矣。其故何哉？盖军事难于实验，纵有实学，仍须有雄辩之舌锋，爽利之笔锋以佐之。又须复国学精密，深识国情，始能融会他国之长，灌输国内，著述流传，雄辩广布，然后人无间言，始成众所推崇之军事家，岂一朝一夕之所能幸致哉！"这话是很好的墓志铭。

（聚仁按：军事学本来是综合的学问，近代的军事学，更与政治、经济、外交以及群众心理有密切关系。北洋派军人在这一方面的了解太浅，所以相继失败。孙传芳和百里是士官同学，他居五省联军统帅时，丁文江愿意替他办一个军官学校。孙氏就以为书生必不知军，练兵还得像他那样的武夫才行。这就可见旧式军人没有世界眼光。百里先生是地道的文人，却也是地道的军事家，至于是不是地道的政治家？待考。正如毛泽东、周恩来诸氏是地道的政治家，也是地道的军事家。一般人，并不知道胡宗南突破延安之役，毛氏自任统帅，周氏兼任总参谋长，把蒋氏的主军打垮了的。这就证明了现代军事家，不一定是武夫。而陈毅将军原是新闻记者，是诗人，却指挥新四军，一直与蒋氏相周旋。淮海一战，蒋氏的总崩溃之势已成，便不可挽救。所以现代军事家，必须是诸葛亮型的人物才行。）

百里在汉口时，曾写了一首五言律诗，送给张禾草君，诗云："犹有书生气，空拳张国威。高歌天未白，长啸日应回。旧学深沧海，新潮动怒雷，老来逢我子，心愿未应灰。"

诗中颇有夫子自道之意。百里一向很神气的，翩翩书生，颇如张良，只不像子房那样爱用权术就是了。

我推想当年悼念百里先生的文字，该有几百篇，而收集在百里先生《抗战言论集》附录中的十五篇，不一定是格外有价值值得保存的。（张禾草兄为了和黄萍荪闹气，重行出版，他大概只删了萍荪的一篇，并不重要的。）

我们且看张孤山先生的纪念文中所引香港《大公报》的悼文，那一段便说："蒋百里先生的逝世，是国家一个莫可补偿的损失；我们虽然有二百多万的军队，实际是国军建立运动，尚待努力。我们的士兵战虽勇，但是军官的知识不够，尤其是参谋人才太缺乏，这是我们的致命伤。在这次抗战中显示的非常明白。这两年，百里先生都有抱负，有特见，有天才，国家正用得着他的学识来进行'建军'的大业。岂知他竟与世长辞！旷观国中，堪与比肩的，殆无其人！如之何不令人为国家一哭！"话就说得很有分量，全文并未辑入。可见当年仓卒成书，金华又偏处东南一隅，遗珠一定很多，到了今天，我即有心也无从补辑了。

我写的这本类似传记的小册子，不想把这些悼念文字留在尾上，只把其中有关百里言行的摘述如次：

"……在全国唾骂军人、鄙视军人时代，百里则曰：'只怕军人不学无术。如果军人有军事学识，又有政治素养，哪怕他们过问政治……'百里在过去每一个时代所说的话，都好像有点不合时宜。国家到了今日，人人才了解先生的话确是真理，为现代中国之所忽略。五年前，吾人讨论日本的人物时，百里急云：'近卫如果出来当国，日本非倒霉不可。'大家惊问所以，他说：'近卫承先人余荫，位至公爵，为各方所尊崇；人颇聪明，好说漂亮话；迎合时流，自己既无实在力量，又无坚定主张。此人出马之时，日本国策必乱。'日本国运，果然糟在他的手中。"（《张孤山纪念文》）

"百里先生对于学术上的致力，实以哲、文、史为多，居恒手不释卷。他的哲理方面，最重视康德哲学。一九三〇年，先生因居南京，即以全力治康德哲学。有一天，很郑重地交我一张康德像，说这画像最能表现思想家康德神气，命即配框。他还在相片上题了词句。百里对于佛法也用功很深，他描写释迦牟尼讲经说法，使他一往神钦。他最钦佩宜黄（江西）欧阳竟无大师，有一回，欧阳诞辰，百里写了一部经文以为贺礼。百里对于中外史学最富兴趣，研究深邃。他论到宋朝的兴亡史迹，尤为痛心疾首；盖抚今追昔，不胜其感慨也。……他在史学上有一个重要见解，说：'从古创业帝王，大多出身草莽，而以书生统治天下者，只有两人，一为王莽，一为曹操。宋代以后，书生气质愈趋萎靡，充其极只求为相，不求为王。故国家气势薄弱，汉族不振，常为外族所侵。'百里最推崇两部外国史，一为《柏尔塔克（今译普鲁塔克）英雄传》，一为韦尔斯：《世界史纲》。他在文学方面，最爱好歌德著作。他亦爱好音乐，这一份天赋，遗传给他的三女蒋英，幼年学钢琴，天赋很高。（他的书室中，置有歌德石像，还存了一部很精致的《歌德全集》。）百里爱种花，尤喜柏松菊兰，花园不广而花常满园。他的女儿移植了几丛夜来香，尤为先生所爱赏。此花洁白美丽，姿仪万千，形似莲而更妩媚，先生赞不绝口。"（蒋洁：《追怀百里先生》）

"苏东坡《留侯论》：'张良有如妇人女子。'他也便是张良典型的人物。他的书和诗法，都足传世，军人中真能具足学者书生本色者，百里外，已无第二人。"（黄征夫：《怀百里》）

言归正传，一些读者关心百里先生的身后，问及左梅夫人情况以及四位女儿的归宿。百里没有儿子，只有四个女儿，我已说过了。到了我们这一代，儿子与女儿是一样的。他的女儿都已出嫁，左梅早已做了外婆了。我在这儿不想一一交代，只交代那位老三蒋英，在柏林学音乐的那个。她的爱人是钱学森，百里好友钱均甫的儿子。蒋英也在北京。

百里和左梅，他俩对女儿倒是父慈母严，女儿们对百里眷念之深，世所罕见。百里在宜山逝世，英女在柏林做了一个梦，梦见戴了白冠在雪中跳舞，醒来时心中不免怏怏。不久便接了噩耗，悲痛之余，她写了一篇痛念慈父的至性文字。文中说："……我们几个孩子要你，临危的祖国需要你，你不能弃下国难当头的祖国独自飘然而逝！你忍得弃了你白头偕老陪着你奋斗一生的妈妈么？你更不能丢下你这一群弱小羽毛未丰的小孩子。……爸爸，你是我生命的火炬！……六年前那时你刚从南京回来，咱们一家重聚，是多么快乐呀。每天你上街回来，总是大包小包的水果买回来。照例老用（佣）人总会站在楼梯上叫声：'老爷，你回来啦！'我们便打雷打鼓似的从楼上跳下来。这个喊，那个叫的。呀！什么广东荔枝啰，新会橙啰，香瓜啰，葡萄啰，说不尽的时鲜东西，十只手，来得快，一会都抢光了。你总是说：'给妈妈留些啊——给妈妈留些啊！'于是又一齐闹着去找妈妈，妈妈不是在书桌上记帐，就是坐在沙发上结毛线衣。于是一家人都坐在一块儿,有时谈正经的,有时闹着玩,家真是说不出的香甜呀。两年后,病魔插足到我们的乐园中来了,一向多忧的大姊被它所侵袭了。一个月,一个月,终不见起色,于是一家都慌张起来。最慌张的还是您!什么中国郎中、外国医生都请到了,你急得连客也不会了,门也不出了,整日闷在屋里看书。最后,还为了想随着大姊的心愿,一家都搬到北平去,为她养病。哪知三个月后,我们重上津浦路时,大姊已经一病不起的了。你那时脸上两行流不尽的泪,真是表示出天下最伟大的父爱啊!唉,爸爸!我们何福,竟蒙你这般的怜爱?可是我们现在又何罪,竟平空失去了你,失去了我们的光明,失去了我们的一起!记得大姊临终时,她左手搂着你,右手搂着妈妈,带着满足而惭愧的微笑,同你们道了永诀。有人在旁边看见了,都说大姊真有福气,能有这样体贴入微的父母。唉!现在想起你一个人在陌生的小城中,左不见妈妈,右不见孩子们,空房冷榻的就这样悄悄地去了,世界上还有甚么比这事更可悲的呢!"(限于篇幅,就引了这么一段。)[①]

她写得非常细琐,却十分真挚;我相信在她的笔下,一定有一部很好的回忆录在写作了。(或者是一部交响曲也未可知。)

[①] 详见本书第十二章附录之《哭亡父蒋公百里》。

附一：

悼蒋百里先生
陈立夫

　　海宁蒋百里先生，志虑忠纯，国之耆宿，诲人不倦，治学精勤，抗战方殷，遂捐馆舍，老成凋谢，悼惜同深！其所著述，皆指陈大计，洞中机宜，谋国之忠，道途无间。典型未远，叹息弥襟！用举其平生志节所存，追忆晤言所及，荦荦大端，谂诸当世，作后进之楷模，庶先生为不死。

　　先生以兵学专家，为陆军先进。民国初元，曾长保定军官学校，规划周至，任事勤劬。尝以格于当道，所志不遂，感愤之余，慷慨陈辞，举枪自杀，结缨正命，何以加兹。近顷代长陆大，夙夜从公，以身殉学，是其勇于负责之精神，始终若一。志决自矢，足资矜式者也。

　　先生学兼中外，著述等身，考察所至，殆遍全球。不惟军事优娴，韬钤独富，文、史、哲学，进诣俱深。纵其治学之要归在于"察往以知来，砚人以律己"。（见《欧洲文艺复兴史》）于纷纭繁变之中，得采颐钩玄之道。新知培养，不以故步自封；旧学商量，不肯妄自菲薄。是其治学之方，择善而从，又足资取法者也。

　　先生之治军事学也，远瞩高瞻，尤多独到。往往资战史之比较，以衡战略之短长，考战略之推迁，以求将来之教训，故能洞中渊微，一言破的。其尤足以放之四海而皆准，俟诸百世而不惑者，则为发见民族盛衰之根本原则，所谓"生活条件与战斗条件一致者强，相离者弱，相反者亡"是也。（见《国防论》）譬之世人论井田之制，皆曰寓兵于农，而求其所以，不过曰寓卒伍之编制，于里间之组织而已。先生独以为所以致力于沟洫者，非特为农业民族灌溉所资，抑所以外制游牧民族戎马之纵横，内成经济团体抵抗之单位。夫阡陌交横，沟渠旁午，非但可以限上古戎车之马足，由今言之，亦何尝不可以制重兵器之驰突无前？是则井田之制，非特以裕生计，实足以固国防，寓兵于农之精义，于此大明，先生石破天惊之论，虞可开拓万古之心胸也。复次，岳武穆"运用之妙存乎一心"之言，先生独以为一心之贞诠，非指主帅之独运机谋，而当为全军之精神一致，而共所以产生，则一由于自发的精神力量，本信仰与觉悟之坚强，一由于自动的行为力量，重技术及体力之培养。（见《张译鲁屯道夫全民族战争论序》）是则有抗战必胜之信心，即可以操抗战必胜之左券；奋抗战必胜之努力，即可以收抗战必胜之成功。先生此言，真足以振奋人心，并坚敌复同仇之念者也。

先生关于国家大计之最要主张，为抗战建国，均有建军之必要。以为"无兵而求战，是为至危"。而"先求敌而后练兵者，其兵强"。（见《军事常识》）故抗战实有建军之必要，建军则为制胜之前提。故曰："军队者，所用以贯澈其国是者也，所用以维持其国之生存者也。"（同上）而其要则在于战志之确定，忧勤惕厉之诚积于中，斯蹈厉发扬之致极于外。以明耻教战，立必胜之志，树抗战之基；以临事而惧，好谋而成，策必胜道之。（见《国防论》）至于建国之道，亦在建军。先生以为"我国家根本之组织，不根据于贵族帝王，而根据于人民，我国民军事之天才，不发展于侵略霸占，而发展于自卫"。（见《国防论》）孙子所谓"能为不可胜，不能使敌必可胜"者也。举国力而加以军事组织锻炼，则为武力，武力之最贵者，则曰民力，民力则寄于国民之体魄、道德、知识之力。是即全国总动员之真精神，与先生发见之原则，若合符契，盖亦所以求生活条件与战斗条件之能一致者也。

先生关于军事整理之一般计划，规模宏远，惜乎未竟设施，大星剧陨！举其概要，凡有二端：一曰，本史地之研求之发见适用之中国方法；一曰，国防建设，当与人民生活方式相称。先生以为一国有一国之历史与环境，一民族有一民族之特性与传统。中国数十年来，日日言建军，而但知步趋外人，不加别择，方柄圆凿不切国情，是以不能深入国民之心性，适应民族之传统，节节失败，职是之由。譬之周心之制井田，封建、足食、足兵，同时并进，故能薄伐猃狁，践平徐奄。中国历史上，开疆辟土之豪杰，受国民之崇拜，初不如效死勿去之英雄，足知守胜于攻。而自卫之民兵，又最适于国民性之军事制度。避短用长，实为军家之胜算，故当以自卫为建制之根本原则，至其建设之顺序，则十数年前，先生已有当以京汉铁道以西为总根据逐渐东进，以求设备之完全之言。眼光远大，烛照机先，由今思之，真不可及也。先生又谓："我侪对敌人制胜之唯一方法，即事事与之相反，彼利速战，我持之以久，使其疲弊；彼之武力中心在第一线，我侪则置之第二线，使其有力而无用处。"此则量己之长，料敌所短，真克敌制胜之方也。

中庸有言："聪明睿知，足以有临"；"文理密察，足以有别。"先生临事则烛照机先，觇国则御繁以简，故能够深索隐，洞见中边，挹取精华，周知四国，当此二言，盖无多让。而其不朽之著作，有《国防论》，最近之论述，为《日本人》。《国防论》之发端曰："万语千言，一言以蔽之，曰：中国必有办法。"《日本人》结论曰："成败利钝，一事为至要，曰：不可与之讲和。"内审国情，外衡敌力，先生往矣。而其至理名言，犹仿佛大声疾呼以昭告于国人也！

附二：

哭蒋百里先生
张君劢

呜呼百里，吾侪自长江下游之苏浙，退而入于崇山峻岭之西南，果何为也耶？亦曰百折不回，力御外敌，保民族生存，以无愧其为四千年来独立国家之国格而已。孰知公于是时可以参预帷幄，可以为国育才之日而竟以病殁闻耶？

呜呼百里，生宁可喜，死亦何悲？有谓人生若寄，视死如归，茫茫大夜，何是何非者，隋李行之言也。亦有以身许国，以己国之存为天地间惟一之是，而己国之外，不复知有他是，因为一是居士自号者，是南宋郑思肖之言也。吾侪处二十世纪，深知民族本位为建国之天经地义，必以行之之所为为耻，而惟所南之心史是归，有断然者。孰意公于民族命在呼吸之顷，而竟长眠地下，其抑郁以死耶、抑天之夺我善人耶。呜呼，吾知公不瞑目于地下矣。

公为军人，而一生遭际有李广数奇之叹。考学于日本，为中日两国同学之冠，继学于德意志，入兴登堡联队中，所得于国外者如是其丰，而当其本所学以行诸国中，辄逢意外阻力。尝为项城拟国防计划矣，而公之高瞻远瞩，知者绝少。长保定军官学校矣，司军学者忌其能，所条拟皆搁置不行，于是公乃大愤，于学生集合之际，以枪自戕，幸免一死。公生平所学，在对外之国防，内争与内战，非所素习，故一生之中，未尝握一方兵柄，虽尝参赞戎幕，不如意者十之八九。呜呼，疆场胜负之数，闻者为公太急，然非所谓塞翁失马安知非福耶？公之所以不朽者，不在武功，而在文治。所著有《军事常识》与《国防论》，今之孙武十三篇也，民国八年公归自欧西，携《欧洲文艺复兴史》稿以返，与五四运动作桴鼓应。同时主持共学社，印行有关文艺复兴学术之书数十种，又曾办讲学社，杜威、罗素、杜里舒、太戈尔（今译泰戈尔）之东来，皆出于公与新会先生之罗致。呜呼公为军人，而有造于近年新思潮之发展者如是。盖公之学有远出于军旅之学之上者矣。

呜呼，公天资之清微高妙，非常人所能企及。其究心各国军事外交也，稍一省察之余，便已洞见隐微之处道其上下议论也，惟其见人所不能见，故能道人所能道，薄物细故，入公胸中，皆成妙谛。其发为文章也，有孔子所谓龙吾不知其乘风云而上天之姿。盖百里先生之文，上下开阖，变化倏忽，令人起来去无从之感，所谓见首不见尾者非耶？

呜呼，公之物化也，益令我念亡友而悲不能自已。民国七年欧游之日，同行中年事长者六人。新会先生死于割肾，在君死于煤毒，新六死于飞行，公今亦以药石误投而死。亡友四人之死虽不同，然皆有可以不死而竟死者存乎其中，今尚在人世者惟子楷与我二人，其亦可以不死而竟死耶，抑暂留人间，能为国家有可以自效者耶？倘公等地下英灵呵护于生者之侧，使国家由亡而存，使学术由衰而盛，则后死者不主冒偷生苟活之名，而不至无神浩劫之挽救，而不然者，我宁愿早从公等泉壤之下矣。

呜呼，公在泉壤之下，为我告新会先生曰：新会先生两度所拥护之民国，生死存亡，迫于眉睫矣。后死之友，唯一心以民国为念，不知其他。却所南之念大宋曰："大宋粹然一天也，不以有疆土而存，不以无疆土而亡，行造化，迈历数，毋万物而未始有极焉。譬如孝子于其父，前乎无前，后乎无后，满眼惟父，与天同大，宁以生为在死为不在耶？"

呜呼百里，我辈后死之人所以慰公等于地下者，亦若是而已。

民国二十七年十二月二十八日重庆《大公报》

第十六章　编　余

依史家的史例,这儿得用"太史公曰"的结尾了,不过我在结尾上说的,还是百里先生的话。

上海《申报》六十周年纪念时,编刊了一本纪念册,其中中国六十年来之军事,正由百里先生执笔的。我手边没有这篇专论,只记得开头,他就说到曾国藩只敢梦周公不敢梦文王的话,儒家思想,限住了士大夫"造反"梦想;王湘绮曾劝曾国藩自立为王,他斥之为狂妄。庚子那年,李鸿章的洋朋友,劝他在华南建立民主国家,他就托人找孙中山来谈谈。这便是时代环境,限制了知识分子的政治观念。但是,造反的事实,正从湘军开始,这是中国政治的大转变。

湘军,背上挂一个"勇",乃是雇佣的"勇",并非国家的正式的"兵"。十九世纪以前,正式的国家部队,乃是八旗兵和绿营兵。八旗大半守卫京师,少半驻防要地,所谓旗营是也。绿营成为国家的常备军。绿营(清初定八旗之色,汉兵皆令用绿旗,故称绿营),原是世兵制,"兵有兵籍，与民籍分开，兵士家庭的人员，都编在兵籍中；他们的子弟，叫做余丁，就是预备将来补他们的缺额的。他们不但一人在伍，以当兵为职业，就是子孙也是世代相承的"。旗营腐化，不能作战，乃有绿营，绿营溃败，乃有湘军，在湖南所招募的兵，又有楚军（湖北所招募的）和淮军（安徽所招募的）。经过了太平军和捻军的长时期战争，湘军、淮军便成为国家的常备军。湘军、淮军，只是一群秀才所练的民兵；曾国藩、左宗棠、胡林翼、李鸿章那几个秀才，他们练兵的蓝本是戚继光的兵要；作战的轨辙，都从《资治通鉴》和《读史方舆纪要》中来，居然头头是道，立下了规模。可是湘军的兵士来源，出自招募，虽有"各有宗派，上下相亲"的好处，却已成为私家的军队。国家权力下移，各省督抚，有如唐代的藩镇，养成了割据自固的新局势。满清政权，终于崩溃下来，这是主因之一。

也由于十九世纪后半期，外来势力的侵迫，国家有建军的必要，在应付国际情势中，不独绿营应付不了这样的局面，连湘、淮军也都吃不住了。只好小站练兵，重新建立新军，想使之成为国家的部队。其间，又渗杂了爱国青年的革命运动。新军建立，正助长了革命的武力，乃有辛亥革命的全国性兵变，推翻了满清政权。在日本进士官学校的青年军人，便成为新军中的革新核心。百里先生，正是这一时代波浪中的军事人物。

我已说过：蔡锷和蒋百里，都是新军中有志愿有眼光的中心人物，他们实在想建立国家的部队，一个统一的军权。可是，民初袁世凯的家天下观念，以及袁死后北洋派分裂的地方割据局面，又把他们的梦想打碎了。百里先生就在这样矛盾错综行程中成长的。

知人论世，本来不易的。我也曾用"李广数奇"的话来婉惜百里，后来看到别人也是这么说的，又不禁想一想，我们这样的观点，是否合乎百里自己的人生观呢？一位百里的朋友陶菊隐先生，曾说："人类的命运原没有绝对的幸或不幸，估价各有不同，政治或经济的失败，往往却又能促成学问及人格的成功。民六以后，百里政治的出路愈窄，学问的成就愈大。这个困顿时期，从学术文化立场来看，是他的黄金时代。"这话也很有道理。还有一位李小川先生，他是百里的知己。我已说过他们年轻时的彼此相契重相策勉的故事。小川说："中国军事由老粗掌兵到现代化的阶段，由文人指挥而专门家（军官学生）指挥的阶段，有一人焉，对中国历史文化富于研究，对世界潮流洞若观火，见得到，说得出，眼、耳、脑、笔并用，而能纲举目张的，恐怕只有百里先生一人了。百里先生天才丰富，情感热烈，为中国建军唯一人才。他一生名望很高，而一生不得其用，这不足为百里先生悲，实在得为中国前途惜。就百里先生个人来说，惟其不遇其时，所以能以其暇日，在国内研究学问，在海外考察军事兼及政治、经济、外交、文化诸大端，不时注入新血液，不使他本身的学力停滞于一定的阶段。中国学问本是笼统的、散漫的，百里先生能够分析起来，贯串起来，他的成就一半建筑在天才上，一半建筑在研究上。"这也是知己之言。

我又细细体会他们这一群朋友，姑且名之为研究系，在政治观念上的矛盾苦闷。（依陶菊隐的说法，百里并未参加研究系，但梁启超主编的几种政治性杂志，都是百里支持他的。百里与梁氏在师友之间，关系密切在一般朋友之上。）民国初年，在北洋军阀袁世凯与国民党孙中山的斗争，梁启超他们是支持袁世凯的暴力镇压的，他们的政治观点在中央集权，他们要借袁世凯的力量来实行宪政，这和戊戌维新的手法是相同的。袁世凯帝制自为，他们的幻想破灭了，这才和国民党重新合作，以西南为根本地来推翻洪宪。可是袁帝暴卒，梁启超又怕北洋政权瓦解，他立即与冯国璋、段祺瑞合作，把北洋政府撑起来。蔡锷扶病出四川，他也想重新把北洋军系改建起来，集中军权于中枢。这一政治观点，也可以说是百里的观点。等到北洋军系内部分化，地方割据的形势，也越来越明显了。研究系这一群朋友，这才放弃了中央集权的观点，斟酌国情，提倡联省自治，想从地方自治的道路来消除地方割据的毒瘤。（甲寅杂志派，对于联省自治制讨论得很热烈。那时，第一流人才多舍弃"中央"而归本省。他们说："中国幅员太广，一省的面积及人口等于欧洲的一国，人情风俗不尽相同，虽有秦皇汉武复生，也很难把它撮合起来，在同一的政权下集权而治。倒不如因地制宜，各省制成省宪，进而达到联省自治的阶段，这样便可以补救武力统一政策之所穷，而久打不停的内战，亦可由是而不了自了了。"）

百里先生是参加湘南制宪的主要人物之一，他又是浙江省议员，参加了浙江制宪工作。这一段时期，正是北洋军阀混战与西南地方割据势力大火并（拼）时期。百里先生的联省自治观，在他的一生是重要的一截，似乎应该替他提一提的。[民九（一九二〇年）秋，赵恒惕通电吁请自治，时贤章太炎、熊希龄、汤漪、丁世峄、褚辅成复电响应，乃由湘省府延聘王正廷、蒋百里、彭允彝、李剑农等十一人为省宪起草委员，省宪中采义务民兵制，便是百里所建议的。]

梁启超写《清代学术概论》，结尾那一章，也说到他自己的治学："启超学问欲极炽，其听嗜之种类亦繁杂。每治一业，则沉溺焉，集中精力，尽抛其它，历若干时日，移于他业，又抛其前所治者。以集中精力故，故常有所得；以移新而抛故，故入焉而不深。彼尝有诗题其女令娴艺术馆日记云：'吾学病爱博，是用浅且芜；尤病在无恒，有获旋失诸，百凡可效我，此二无我如。'"可谓有自知之明。这也是启蒙期文士的共同习尚。其学问欲之炽热，我们从百里先生一生，同样可以看到。钱均甫先生说："百里主张战斗与生活一致，军事与经济不可分，真是千古不朽的名言。他一生不停地读（吸收），不停地想（理解），不停地写（发挥），无论政治、文艺无所不好。尝在友人处借阅德国人所译的《莎士比亚集》，德国人自诩译文比原文好。他穷一星期之力把全集读完，至于废寝忘食。读书真是他一生的嗜好。其第二嗜好为与人谈话。凡研究真理，往往力思不得而在与人言谈之中无意得之，所以与人多作有益的谈话，的确胜读十年的书。他谈话能够提示要点，融会各种问题，这是他才力过人之处。"他们那一群朋友，兴趣都是多方面的，而且带着积极的青春气息，到了晚年，朋友们还把百里叫作"老少年"，就是这个意思。

由今看来，启蒙期的文士，不免幼稚、天真肤浅。可是，易地而处，我们要跳开自己的生活圈子，真是多么不容易。十九世纪中期，那一班觉悟了的士大夫，由今文学派带了头的革新者，如龚定庵、魏默深等，他们又已拾起了"天下兴亡，匹夫有责"的担子；在我们看来，原是范仲淹所说的"先天下之忧而忧，后天下之乐而乐"的旧话。而不知这话头已经被雍正、乾隆用血和泪镇压了下去。乾嘉学派已经转到考证学的狭路上去，我的老师单不庵，便是走这一狭路的人。百里不走这一狭路，而且弃文尚武，以他那样身体，居然要骑马打枪简直是和传统挑战。要挑"天下兴亡"担子，就是要付出生命。他们在日本，无论保皇或是革命，都是"叛逆生涯"，和士大夫礼法不相合的。在救国主义的道路上，起先看准了"坚甲利兵"，后来找到了政体改革和种族革命。辛亥革命以后，民国是成立了，而"君权"与"官僚"的阴魂未散，知道非文化革命，文学革命不可，这便是五四运动以后所走的路。最后，我们明白社会革命乃必然的道路，不把"封建"与"资本主义"的石块搬开，新社会的春笋长不起来的。启蒙时代人士，即如百里先生，以及他所契重的邵力子先生，都是在每一转变角度上扮演了先行者；其势非和每一阶段的传统势力相搏斗不可，所以，百里先生并非命运不济，而是他所生的时代太伟大了，先行者既不能麻木不知，就非投向斗争不可的。

本来，百里的老友，李小川先生想在南阳诸葛庐旁，造一所澹宁读书台以为纪念。百里先生，若干方面，颇和诸葛武侯相近，不过为了国家，他也已"鞠躬尽瘁，死而后已"了。百里在武汉时，常对年轻人说："这一回抗战，我们这一辈人都该去死的；建国大业是你们的事了！"后死者，切莫忘记建国的艰巨，在爱国立场，大家该献出自己的力量来。

附录一 蒋百里遗著
《日本人——一个外国人的研究》

绪　言

世界上没有像我那样同情于日本人的！

一群伟大的戏角，正在那里表演一场比 Hamlet（哈姆雷特）更悲剧的悲剧；在旁观者哪得不替这悲剧的主人翁，下一掬同情之泪呢！

古代的悲剧，是不可知的命运所注定的；现代的悲剧，是主人公性格反映，是自造的；而目前这个大悲剧，却是两者兼而有之。

日本陆军的强，是世界少有的，海军的强，也是世界少有的。但这两个强，加在一起，却等于弱。这可以说是不可知的公式，也可以说是性格的反映。

孔子作易，终于"未济"，孟子说："生于忧患，死于安乐。"这种中国文化，日本人根本不懂，他却要自称东方主人翁？

如今我像歌德批评 Hamlet 一般，来考察目前这个悲剧的来源。

一　几个自然条件

1. **热情的人种**　从日本人的习惯，诸如洗澡、衣服、饮食、居住来看，日本人种无疑的是从南方移去的，其间当然也有一部分从北方——中国山东与高丽的移民，但并不是主流。所以北方的风俗，在日本是看不见的。事实上，北方苦寒的生活，非日本人所能接受。北海道为日本国国土，经过五十年的开拓。中国的东三省——满洲，二十年前，日本就想移民，五年来他可以自由移民。

但统计数字的雄辩，确实告诉我们，日本这种移民企图已经怎样的失败。日本人怎样不愿到北方！

2. **地理上的影响**　这种南方热情的人种，又受了地理上的影响。日本的气候风景，真可以自豪为世界乐土。但他缺少了国民教育上的两种材料。日本自以为是东方的英国，但他缺少了伦敦的雾。日本人要实行他的大陆政策，但他缺少了中国的黄河长江。明媚的风景——外界环境轮廓的明净美丽，刺激了这个热情人种的眼光，时时向外界注意，缺少了内省的能力，同时因为要时时注意，却从繁杂的环境中找不到一个重点。短急清浅的水流，又诱导他成了性急的、矫激的、容易入于悲观的性格。地震、火山喷火，这些不可知的自然变动，也给予日本人的一种阴影。

3. **鱼**　许多日本宣传家的统计，常常侈言他人口如何激增，国土如何渺小。据说近卫见了霍斯上校后，霍斯就做了重行分配殖民地的文章。但他们的说明书上，却隐藏了一件本国唯一的宝贝，即无限制的生活资源——鱼。他们因为国民生存上必要而发展出来的无限制的渔艇权，真可以代表现代的侵略政策，我们可以承认他正当的权利。但是这个鱼，又给日本民族性上一种影响。日本古代拿鲤鱼来比武士，因为只有鲤鱼受了刀伤，乃至临死也不会动。恐怕切腹这个风俗，与吃鱼有关系吧，因为鱼非新鲜不可口，日本人吃鱼便要把鱼活活地宰死了吃才风味。日本人不懂中国孟子所说"闻其声不忍食其肉"与"君子远庖厨"的意义。所以他们的残忍性，还保有岛人吃人肉的遗传。

4．酒　世界各国的酒都是越陈越好，白兰地一百年，绍兴酒五十年，但日本的酒却是要新鲜，越新越好。而大量饮酒，在日本人却认为豪杰的象征。尤其海陆军将领，对于酒，都是经过长期奋斗而升级。所请"死且不惧，卮酒奚足辞"。

5．音乐　假如你在月明之夜听日本人的笛——尺八；假如你在黄昏时分，听日本农夫的民歌；假如你在灯红酒绿中听他们三味线，你总能得到高亢激烈，与长声哀怨的音色。外国人要学他，一定呼吸会转不过来。在中国琴弦，因为过高而断，是个不祥之兆。假如拿中国的琴来和日本的——三味线琴，一定会断。

6．花　"花是樱花，人是武士！"多么美啊！但它的意义却是印度悲观主义的"无常"。因为樱花当它最美的时候，正是立刻就要凋谢的象征。好像武士当他最荣誉的时候，就是他效命疆场的一刹那间。（勇敢是可赞美的，但太悲观了啊。）

所以日本人在制造文字时代，节取中国文字，来做他的文字，就有了一首诗。

开首是"色香俱散"，结束是"人事无常"。

直译的意义是："色与香都是要散的呵"……"我们的人生谁能维持永久呢？"

二　几段历史事迹

1．文字的创造　当中国固有文化正发达的时代——像秦汉时代——就有许多传说，可证为与日本有交通。但当时日本尚不能接受文化。直到孔子降生一千年以后，隋唐时代即印度文化东输，佛教在中国正是极盛的时代，才有大多数的日本人留学中国，所以印度文化与中国哲学，混合输入日本。

2．武士道与大和魂　中国哲学到德川统一之后才被提倡而盛行。那时日本人所自豪的武士阶级，已入于停顿时期。所以要知道武士道的源起，不能不对于佛教思想的输入加以特别注意。假如从表面上看，武士道与欧洲中古时代的骑士，无大区别。他的美德，是忠实、勇敢、同情、俭朴、守礼节——只有一件即对于女性观念与骑士不同，不是尊重，而是蹂躏。但是日本人以为除此以外他另有欧洲人所没有的"内在的精神"，所谓"大和魂"这个东西。

这个"大和魂"，不仅外国人不能捉摸，就是日本人也不能说明。据我看来 Litz 论美学曾说到忘我的境界，这种容易导入于忘我境界的性格，恐怕就是"大和魂"的真谛。而这一刹那间的异常境遇，是佛教禅宗所谓"悟"所谓"空"而来的，但其中有厌世悲观的色彩。

3．武士的不道　武士长处，就是所讲"道"。但他的背面有一个阴影。按日本面积很小，在武士时代又分做几百个小国，彼此毗连邻近。它的首领随时有被击的可能。他对四面八方不能不十二分警戒，所以侦探术就特别的巧妙。近百年来养成了一种间谍的天才。日本的高级社会，常常不自觉的喜用诈术，就是那时候养成的。其中两个最有名的英雄，一是丰臣秀吉，一是德川家康，日本国民给他们的绰号，前者叫做"沐猿而冠"，后者叫做"老狐狸"，日本人最喜读这个时代的演义。在我看来，那些正是别有风味的侦探小说。

4．西乡隆盛　真正够得上做日本精神美德的代表者有一个人，就是西乡隆盛。但他模范地做了悲剧主角，因为他不失败于他所反对的敌人，却失败于他所爱护的学生。日本有许多爱国者，究竟是否国家的幸福，不能不请命运之神来判断了。

5．两个真正的日本指导者　真正从日本民族的发展看来，有两个指导者，是值得尊敬的。一是从前的圣德太子，他奠定了日本的第一期文化，接受了佛教与中国哲学。一是现代的明治大帝，他创了日本的第二期文化，接受了欧洲的科学文明。

三　明治大帝

1．本章的意义　明治大帝是值得另立一章的，因为这个巨大的弱国，乃是他一个人苦心的成就。我特别提出"苦心"两个字，因为一只船航行海上，最重要的是把舵者，有时向左，有时要向右，一不小心，就会出乱子。未来等于一层浓雾，国家所走的路，又没有详细的海图可循。其间既要天才，又要经验，最重要的更是强固的意志力和谦抑的考虑。当明治大帝逝世的第一日，伦敦《泰晤士报》（世界民族中懂得日本的首推英国）第一篇哀悼的文章，说日本国运自从这位大帝的经营以后，恕（恐）怕已经到了富士山顶。我们以后希望不向下坡走！

2．初期的苦痛　——不对外即起内乱，性急的日本人，当他取消封建，统一行政，不到五年的光阴，就要向外发展。所谓征韩，主张这个政策的人，是唯一的军人领袖，唯一的勤王元勋——西乡隆盛。

政府决定了征韩，但是中途变卦。结果发生内乱，这在日本人认为很不幸的，但大帝决心，宁忍内乱的痛苦，不愿早开边衅。

3．民权与宪法　明治初年的政权为南方长萨、土肥所占，长州萨摩为主，土佐、肥前副之，西南革命——西乡隆盛所领导——失败以后，所谓民间志士，以土肥为中心，集中于提倡民权。政府虽一时下令压迫，然而大帝决心，实行立宪，藉议会使国民与闻国政，排斥当时绝对的天皇神权论。

4．对俄与对英　明治最信任的政治家伊藤，他是创造政友会的政党首领，他不主张与俄国开衅，所以一九〇一年，他旅行俄国时想与俄国得一妥协。伊藤的反对派——山县军人派——则主张对俄作战，两派相持剧烈，经明治最后的决定，订了英日同盟，伊藤的亲信，亦所不愿。

5．忍辱讲和　中日战争后的三国干涉，日俄战争后的无赔偿讲和，都是大多数爱国者所激烈反对的。

然而大帝两次战胜，却取谦抑态度，很镇定地给予肯深思熟虑的负责政治家以一个最大的支持，并由英日同盟，而进展到日法协商、日俄协议。

总之，事后看来，好像日本的进展发达是很容易的。其实当时也不断内争——内政整理与对外发展，民权与王权，南进与北进，文治派与武力派，国粹派与洋化派——如同一条大路，一时向左，一时向右。而明治大帝却能用他坚定的意志，聪明的先见，将方向把定。在历史的事实上，日本人所谓皇室中心，只有这个时期是正确的。

四　欧战

1．绪言　美国军舰的炮，惊醒了东方一个新兴国家。欧洲人的钱，又把这个新兴国家，引入了内在多烦闷、外界多诱惑的新悲观世界。

2．明治大帝的余泽　大帝的意志虽然坚强，但喜欢采取臣下的意见。每逢国家大事，他总要召集所有亲信的人，商量一番。这个商量，成了惯例，一般人就称之为元老会议。但法律上并无明文规定，完全是出于大帝的自动意志。大帝逝世后，元老会议做了政治领导的中心。但是第一次就遇见了一个不幸。当时在伊藤指导下的文治派，因为伊藤被刺而西园寺为领袖。在山县指导下的军人派则以桂太郎为领袖。桂太郎因为要联俄之故，到了圣彼得堡，又因天皇病重匆匆返国，半途就遇见山县的特使，报告要请他做新天皇的辅弼大臣，专管天皇的起居教育等等，不入政治。但入宫不到二月，西园寺内阁，就因为不能扩充陆军而失败，又出来组阁。于是文治派政党领袖就举行护宪大运动，而日俄战争时代，负重望大告成功的桂太郎公爵，从此失败而死。军人与政党就结了一种仇恨。最大多数的政友会，近十年不得政权。从此以后直到现在，近卫组阁还是要经元老的推荐，但是二十年间元老一个个凋谢，只剩现已九十余岁的西园寺。

3．欧战给予日本的第一影响就是烦闷　这是欧洲人自己也不能体会的。近世工业资本主义的发达，最快需时五十年。但日本却像暴风一般，五年以内突然的生长。无数的黄金，从欧洲输入进来，烟囱急速度地增加到五倍十倍。假如我们要形容它的情状，至少可以做十几本书。现在只举一个例吧：

西京有一位很穷苦的博士名叫河上肇（注意日本法律规定长子有承袭财产权，次子尝独立生活，所以博士多是次子，或是穷苦出身的，富家长子都要管理家务，无暇求学），他著了一本书，名叫《贫乏物语》，说明无产阶级的由来与痛苦。三年以来，这本书销行了几百万。以他著述的收入，竟变成一个财产家。他的书受民众如此的欢迎，他个人却常遭警察的注意。后来效法他的人很多，就有所谓社会主义的发财者出现。而这位可怜的天良未泯的老教授，结果因为用他卖书的钱，来接济了共产党，被判为有罪，入了牢狱。至于许多社会主义的发财者，却利用了打倒政党——财阀的名义，做了军阀的走狗。这种矛盾，欧洲社会看不见。

4．欧战给予日本的第二影响就是诱惑　一九一五年派了亲王到俄国，用百五十万枝步枪及许多作战资源，才得到内外蒙互相承认的协定。后来俄国革命了，德国屈服了，英国疲敝了，日本可以自由进展到西比利亚。英国的印度洋要仗日本海军保守，日本又攫取了青岛，可向中国北方南方自由活动。整个的亚细亚是他的了。所怕的只是美国，不过太平洋太大了，美国要到东方非经过四千里的行程，且非经过日本群岛的关门不可。欧美有钱，日本人也有钱，欧美人有机器，日本人也有机器，所以称雄世界的诱惑，就日见其不可抵御了。

5．整个的民族的动摇了　在历史上看来无论哪一个民族哪一个时代，从没有像日本在欧战时代的激急变迁。一个原来缺少内省能力，缺少临时应用能力的急性的民族，一方遭遇了社会的莫大的矛盾（不安与烦闷），一方当着千载难逢的机会（诱惑与希望）。这一只渔船，遇到了台风，一高高到天上，可以征服亚洲，即可以征服世界——西方自杀的文明没落了——一低又低到了地狱，贫富不均，生活困难，革命共产，虚无主义，暗杀手段。不仅把舵的失却了罗盘针，全民族也就导入了一种疯狂状态。战争！革命！

五　固有的裂痕

1. 叙言　在烦闷与诱惑的大浪中，我们要研究他政治的固有形态。假如自己组织坚实，指导者自能渡过难关，渐渐得到风平浪静，但日本原来的政治组织已有两个裂痕。

2. 第一是政治家与军事家在政治上的对立　日本自组织责任内阁以来，陆海军人出而组织内阁者有十人。而政治家也只有十人。且其中政治家有标记的两人，还是代理。试将这二十人的系统开列如下：

政治家

政友会组阁者　伊藤——西园寺——原（高桥）——田中（军人与政党合流）——犬养

民政党组阁者　大隈——加藤——若——滨口——宇垣（军人与政党合流）未成

超然派组阁者　广田——近卫

军人

陆军组阁者　山县——桂——寺内——田中——林

海军组阁者　山本——加藤友三郎——斋藤——冈田

在内阁组织法制定的时候，确定了陆海军大臣必须从现役将官中任命的原则。在当时原是消极的防止民权自由主义侵入军队中间，以致军人的思想不健全。但是这个条例，后来竟使军人得以操纵内阁。因为陆军大臣倘因意见辞职，内阁总理就没法找第二个军人代理他，军人操纵政治，成了日本政治的传统习惯。欧战以前，只是几个最高级的军人留心政治，欧战以后就影响到了下级军官。

3．第二是海军与陆军在财政上的对立　各部争取预算，本是普通习惯，但世界上无论何国，无论何时代，国防上或海或陆，终有些偏重。但试查日本五十年来的预算，假如陆军预算一万万，海军预算决不会在九千万以下。当华盛顿海军会议时代，俄国革命，中国内乱，就日本国防上说，陆军预算大可缩减。但因为海军要造补助舰队，陆军也须同一比例增进。民政党财阀内阁时代的陆军大臣宇垣，曾经一度缩减陆军人数的定额，而将剩余款项添补新兵器（预算不因而减少），结果招了陆军切齿的怨恨。所以海军既想学英美，从第三位要到第一位，不仅封锁亚洲海岸，还要超过太平洋。陆军又要做德法，保持他世界唯一的荣誉，实行他的大陆政策。滨海省、中国、印度、菲列宾（今译菲律宾），都是他的目标。假如两者一些偏袒，就被对方指为卖国贼！

六　军人思想之变迁

1．生活经验　当一九一八年左右，一个电车司机每月可得五十元薪水，每年有三次赏金，每次大约五十乃至百元。一位少尉的俸给，不过四十余元，还要扣除种种衣服交际费用。而许多暴发户，一席小小宴会，可以化（花）到千元以上。旅馆酒资，可以随便五百元一给。军官学校招考学生，从前应试者每超过定额一倍有余，至此乃不足额数。有一位军官学校的教育长真崎，他先前抱着旧式的忠君爱国思想，来教导学生，却感觉得学生的风气信仰，与昔日完全不同。他们对于社会财富的不平，已起一种激烈的反抗，使真崎不禁想到当年未开国时代朴质的黄金世界。同时田中陆军大臣时,因为大战后官长须与社会多方面接近,所以陆军大学添了社会的功课。马克思《资本论》,也做了日本青年官长的参考书。

2. 新兵器　日俄战争时代的青年官长,除了五响毛瑟七五野炮以外,没有用过别种武器。每分钟六百发的机关枪,战时只有骑兵才有。这一群青年官长,现在多到了上中级将官职位。欧战以后,新兵器逐渐发展,但种类既繁,除了专门研究者之外,高级长官不能一一的研究。

所以新式有效的武器使用法,下级官明白,上级官糊涂。所以石原在大佐时代,说道"现在将官没有人懂得战术"。这在精神军纪上就发生了不良影响。

3. 传统的习惯与教育　陆军创造者山县既是元老,又是军人,又是政治家,他时时汲引军人的后进来做他的继承者,于是有桂——寺内——田中——宇垣这辈军人政治家,而陆军大臣可以不经总理,直接上奏天皇,又在政治里立了一个军阀不败的基础。青年军人以先辈为模范者,当然喜谈政治。但他们的根本教育,却是德国式的严格的阶级教育,对于社会少所接触——有一群野心家企图利用三百万在乡军人做政治活动的基础,结果失败——可是从田中当陆军大臣时,主张开放教育以还,譬如一个年轻的乡下人,猝然到了都市一般,件件都是新奇,种种可以诱惑,自己也弄得莫名其妙。

4. 爆发的原动　陆军在征兵制之下,所征集的大多数国民多为农民,而近代日本农民的困苦不是熟读《资本论》者所能想象。在都市生活中看见十几个钟点的劳动者,就对他同情;但这个被同情者,还是日本农民认为可羡慕的。这种农民的痛苦,也非政党中人所能了解。(民政党的选举,基础在都市;政友会的选举,基础在地方;但他们的目的在将地方事业化。)倒是,由新兵而转入于青年官长的意识中,以一九三一年间的中级官长而言,正是直接从大战后思想动摇的过程中来。当时军官靴上带着马刺去坐电车,有人就讥笑他:"坐电车何必带马刺。"诸如此类的事情，使日本军人深深受了社会的侮辱。所以对于大财阀，对于政党，就发生了一种不可解的仇恨。就动机来说，指日本军人是侵略主义者，有一半是冤枉的。他们希望的是内政改革，并不一定是对外侵略。不过财阀外交家所主张的和平通商，他们却是反对罢了。凡知道日本内情的人，就知道满洲事变前，日本就有两度的武力改革运动，名为十月事件与三月事件。一九三一年九月二十六日（满洲事变后七日），所发的关东军军官秘密通告中间有"以决死态度辅佐长官"之语（即要挟与威胁之意）。用的却是支部名义，无疑的这个秘密结社的本部，是在东京。二十八日参谋总长逃职（这尚有许多传说，现不录），用真崎为参谋次长，而戴皇族为总长。所为日本军人先是烦闷，后乃诱惑，但几度烦闷的解决法，多是失败了。

5．许多煽动家 欧战以后军事上的专门学问已经足够年青官长一生研究。陆军大学的社会学、经济学，当然不过一个大概。而天生性急的日本青年长官，正当烦闷时候，当然只求转变，少所判断。这时候，就出了无数的煽动家。按日本政治史上遗传下来的一种产物，即所谓浪人。——没有一定职业，而有时可与政治要人发生直接关系——最不可解的，是有一位浪人，名叫北，主张天皇下戒严令，同时停止宪法三年，却又要召集五十位辅弼大臣，没收一切财阀财产，而私有财产又可以百万元为度，并以在乡军人三百万名组织政党。这种儿戏的革命办法，竟为日本青年军官，奉为神圣教典。可是这位假英雄，住了人家巨大华奢的住宅，而当五月五日东京暴动时，青年军人在偕行社——即长官俱乐部——召集会议，他却避开不敢出面。到二月十六日事件发生后，他还打雷话鼓励暴动的军人，叫他们不服从劝告。这人现在处刑了。这类煽动家，各走各路，正式团结不起来。军人受煽动而表现出来的事实，第一次想在议会中投炸弹，藉此实行戒严，解散议会——这是一个高级军官所计划的，结果被警察发觉。第二次是假造高贵人的命令，令近卫第一师团出动——这是下级军官所计划的，结果被长官所发觉。第三次是青年候补生刺杀总理犬养，袭击警察局。第四次是近卫师团并第一师团的第三联队暴动，占领了东京中心的一区。刺杀齐藤、高桥，即所谓二月二十六日的暴动。所以日本军官的思想，远不是日俄战争时代那样单纯了。

七　政　治

1．叙言　最不痛快的，莫如我现在写这一章，因为除了"阴谋""煽动""贿赂""威吓"以外，我不知道政治运动中还有何种方法，我不愿将日本这种一般的恶性的政治内幕，揭露出来。不过在上述的几种情形以外，日本政治史上还有两件事，是日本所独有而值得记述的。

2．日本政治家的不幸　日本有力量的政治家，若非遭遇意外的不幸，便是被人暗杀。这是开国以来不断的事实。维新动乱时代姑且不提，政府安定以后，第一个政治元勋西乡隆盛以暴动起兵而自杀于战场（这时先后许多勤王志士被杀者不少），而政府方面成功的大久保又被认为国贼而遭暗杀，大隈既以外交问题遇了炸弹，伊藤又在哈尔滨遇刺而死。这四位是日本极盛的明治大帝时代最重要的人物，大家谅都知道，再如政友会日本最大政党，而首领几乎个个横死，星亨为首，继之者为原。原是政党政治极盛时代，日本人艳称的平民宰相，竟被刺死于车站。田中以陆军大将为党魁，出组内阁，下野不久，一夜间猝死，是否自杀？迄成疑问。民间出身、一时奉为宪政之神的犬养，苦斗了六十年，当了首领，做了总理，就被士官生击死于首相官邸。身隶政党常取超然态度的财界元老高桥，以七十八岁的高龄亦被军人击死。六十年来政友会的首领，只有西园寺可望善终，然而最近也经过了几次危险。至于对立的民政党，出任国务总理的滨口，财政大臣井上和财阀元老团乃至超然的海军大将齐藤，都同犬养一般的命运，此外幸免的如冈田海军上将、铃木侍从武官长、牧野宫内大臣，也受了相当的惊吓。再如次级的有力人物，如军务局长永田、中国公使佐分利，也遭了知名不知名的暗杀。这种疯狂的事实，影响到当时俄国皇太子尼古拉、中国钦差大臣李鸿章。直到现在，还有送短刀给艾登的。

3．内阁的后台　负政治责任的当然是内阁。但日本内阁背后，总有一群人在那里操纵着。内阁的生死，可以完全决定在这群人手里，而这群人既不是专制时代的皇帝那样独裁，又不像民主国家的民众及其代表的操议那样多数取决。明治大帝死后，可以分做三个时期：第一是元老操纵时期，第二是枢密院与贵族院操纵时期，第三是青年军人操纵时期（满洲事变以后）。自有议会以来，因众议院多数反对而辞职的，只有两次。在野党欲推翻政府，不在对大众演说而在秘密内阁的后台接洽，这中间就容留一种人物，名叫浪人。当伊藤公开组织政党时代，山县就竭力反对，而对抗的方法，一面是收买议员，一面就是蓄养浪人，而遗后世以无数恶例。如今几件最大的事变为例，西园寺、（大正元年）桂、山本（首次组阁）皆被贵族与枢密推翻；犬养、冈田、广田因军人暴动而倒。

八　财政经济

1．叙言　五十年来日本政府财政的膨胀，与国民经济的发展，是历史上所少有的，许多专家已有详细的数字说明。本章因此只从日本全国，作一整个透视，仅举出两项来说：

2．第一是与军人的关系　原来日本武士有轻视商人的习惯，所谓町人，就有几分重利忘义的气味。自从福泽在明治初年，以英国绅士为模范，提倡了"独立自尊"主义，创设了庆应大学，才给予日本财阀以人才的基础。五大财阀的事业家，都是直接间接受了福泽的精神教育，而以议会政治为其理想。自从日本第一财阀三井联络松方，三菱联络大隈，政府以发展国民经济为名，使财阀与政治家发生密切的联络。到大正时代，财阀对军人居然取得对立的地位。但因为议会莫大的选举费，都是靠财阀在后台帮忙，这中间就发生许多疑狱事件两党彼此揭发。而国民对于政党发生不信任态度，最近党员竞争选举，除此社会党以外，"政友""民政"党员都不敢公开的标举党籍。财阀看政党无力，就转而利重工业这个工具，与军人接近。因为急于制造武器，势不能不特别发展重工业，而青年军人所提倡的皇家社会主义，因此乃不得不暂告停顿。

3. 第二是与农民的关系　一个大坂造丝商人，曾经夸耀地说："只有我们的工业，是由人民的心血一点一滴造成的。"换句话说，日本各种经济事业的发展，都是靠政府帮忙、提倡而成的。试问这政府津贴各事业的钱，是从何处来的。再看"日本税租之来源，地方与中央合计，课于消费者约百分之四十，课于所得者约百分之廿一，课于财产者百分之二十，其它杂税约百分之十九，多数含有消费性质。在日本国民被课之消费税约占全数之半（注）"。试问这巨大的消费税，是从谁征收来的？日本农民，约占总人口百分之六十以上，而这些农民大多数天天在困苦之中，农村负债已达不能偿还之巨额。许多日本人归怨于他国土渺小，人口繁殖，其实真正要解决日本的农村问题，若就对外发展来想，只有到美国去是种种方面都适合的。此外的发展，如满洲等地，因为生活程度，日本人不能与中国人竞争，徒替大资本家发财，于是大多数国民不仅无利，反而增加无数的负担。如今单举一个例子来指出对外对内的矛盾。日本向来常感产米不足，认为重大问题。于是大正十四年竭力开发朝鲜，使产米增加，近几年来乃感供过于求，而政府不得不施行统制政策以防米价之过贱。但农家因收获后亟需现金，不得不将自己食用的米一并售出，将来仍须购回。这一进出间，农民又实受一重损失。艳称日本发展者每举其船舶的吨数，贸易的数字，以表现其经济力之强。其实国民财富集中在工商界，大多数的农民终岁劳作而尚无适当的生存。这不是欧美无产阶级所能想象些的。

注：见矢野著《日本国势》。

九　外交

1. 二重外交之由来　明治二十四年以前，既无外交可言，而外交官的位置，多数是贵族的游戏品。但当时陆海军所派各地留学生，倒能通达语言，深入各国社会。所以参谋本部的外国情报，比了外交部常来得早。自经两次战役，参谋本部的地位自然加增。故遇重要事件发生，军人对外交常有容喙之权。特别在中国，有许多浪人做侦探，都是由参谋本部接济的。外交官人数有限，自然不及参谋本部情报网的细密。（现在上海的东亚同文书院，创办时是第一任参谋总长川上，把自己房子做基金的。）最近军人势力增长，外交官只能仰军人的鼻息，以保持其地位。退出国际联盟，原不是外交部所赞成，而是现在参谋本部作战部长石原一手造成的。

2．外交系之成立　自从明治二十六年陆奥担任外（交）部长之后，日本外交界始有人才。后来许多著名人物都是他一手提拔起来。但日本国民对于他的外交太对不起了。中日战役时代的陆奥、日俄战争时代的小村，他们的心血、遭遇的困难，比了参谋总长大得多，——至少也是相等。但日本国民一律归功军人而指两度外交为失败。所以两位外交大臣，在战后都郁郁不得志而死。在《朴资茅斯条约》签字以后，小村发了四十度的高热，还去见罗斯福，实与军人决死相等；但回来时，人家用黑旗欢迎他。所以日本的外交，将来终久要失败。

3．两条路线　从日英同盟、日俄战争到伦敦海军条约为止，日本外交方针是与英美接近的。这一派人物，日本称为英美服从派，以加藤与币原为主角。但这后面有一条暗流，便是亲俄，却每次遇到了意外的失败。上文说过伊藤是主张与苏俄妥协的，同时还有一位后藤男爵，他第一次耸动伊藤在日俄战役中，与俄国要员在西比利亚相会。但到了哈尔滨，伊藤被刺。第二次他又耸动桂太郎到俄国旅行，半途即遇明治天皇崩御。第三次在欧战期中，一九一五年日本亲皇访问俄国，后来即遇俄国革命。一九二一年，这位后藤男爵，又请了越飞来日本游历，这是共产党外交官第一次到东方。不久就是日俄复交而后藤却又死了。伦敦会议以后，币原外交政策大受打击，中间经过几次转折而到广田，即亲俄系暗流又得势的证据。广田第一步的成功，即购买中东铁路，那时他最得意，所以大胆声明"广田在位不会有战争"。而在日德防共协议的时节，还在东京与俄大使发生一度"破例外交"的折中。就是告诉俄国说"防共是对英而非对俄"。（注）

4．宣传者自己中毒　日本的外交宣传特别巧妙，但其间有两种流弊：一是对外失信任。自从满洲事变以后，外交界的声明与军队的行动，却成了恰相反对，这种例我们不必枚举，我们不敢说外交人员撒谎，只能以二重外交解释它。第二是对内失调节，比较缺少自省能力的日本国民，经"胜仗""发展""大陆政策"尽量地鼓舞人民的气势，结果自己收缩不下来，例如日俄战后的东京烧打事件。

注：广田以不能公开的外交秘密告俄大使，而后者竟违背成例，公诸报章，故有破例外交之称。

一〇　精神上的弱点

1．空虚与矛盾　日本国民原是崇拜外国人的，这种几千年的遗传，一时不易改革过来——本来假如从日本文明中，除去了欧美输入的机器与科学，中国印度输入的文字与思想以外，还剩着些什么？——现在它却妄自尊大夸示它独有的能力。它的宣传愈是扩大，它的内容愈是空虚。它如今将崇拜的心理，转移到了嫉妒上去。一方面对中国用兵，一方面却主张人种战争。而畏惧外人的心理，仍像伏流一样，弥漫于一般社会。许多急进分子提倡的国难，所谓非常时期，在提倡者自己知道，也不过一种煽动，但无形中更加重了国民的悲观色彩。

更进一步说，它在良心上已经发生一种矛盾，他天天以东方文化自豪，实则无一不是模仿西方。学了拿破仑创造莱茵同盟的故智来制造"满洲国"。学了英国的故智，企图把中国分成几个小国，互相对立，本来一个很可乐观的国际环境，偏要模仿历史上已成失败的不幸例子。环境诱惑他得了朝鲜不够还想南满；得了南满不够，更想满蒙全部，更及中国北部，如今扩大到全中国，要以有限的能力来满足无限的欲望。

日本疆土拓展表

	总面积（平方英里）	占领年份	
日本本部	一十四万七千三百二十七点二		
台湾琉球	一万三千八百八十九点三	一八九五	中日《马关条约》
库页岛南半部	一万三千九百四十三点二	一九〇五	日俄《朴资茅斯条约》（今译为《朴茨茅斯条约》）
辽东半岛	一千四百三十五点六	一九〇五	
朝　鲜	八万五千二百二十八点一	一九一〇	正式并吞
东三省	三十六万三千七百	一九三一	强占后制造伪满
热　河	七万四千	一九三三	强占后并入伪满

日本人很能研究外国情形，有许多秘密的知识，比外国人自己还丰富。但正因为过于细密之故，倒把大的、普通的忘记了。譬如日本研究印度，比任何人都详细，他很羡慕英国的获得印度。但他忘记了英国人对印度，是大家没有（注意）时代，用三百年的工夫才能完成。而日本人却想在列强环视之下三十年内要成功。日本又研究中国的各个人物，他们的传记与行动，他很有兴会地记得，却忘记了中国地理的统一性，与文字的普遍性，而想用武力来改变五千年历史的力量，将中国分裂。他又羡慕新兴的意大利与德国，开口"统制"，闭口"法西斯"，但他忘记了他无从产生一个首领。

一一　黄金时代过去了

1. 从内政上说，明治末年确是日本内政的黄金时代　但欧战一起，军人政治家就将国军无目的地滥用。最初就是获取青岛，继之对西比利亚出兵,后来又是两度的山东出兵,这都不是国家的运命关头,而军人随便运用它的武力以求获得一部分利益。这种举动,给予日本军官以破坏纪律自由行动的先例。所以日本军纪是从上级坏起。几年前日本中央军事当局对于关东军有一个特别名称,叫做DesaKi,即派出者之意。因为他的行动常与中央不一致。关东军的任务,本在维持沿铁路附近的地方治安,而军官们却在那里创造它政治外交行动。两个师团每两年调换一次,于是满洲这个区域,就变成了军人自由活动的养成所。关东军之外,又加了天津驻屯军,更予军人以一个自由活动的机会。所以每次事变起来,政府总是声明事变不扩大,军人总是调兵。这种不一致现象,给予国民与国际间一种不安与不信。现在日本想向举国一致的方向走,但缺少了一个先决条件,就是国民不能了解敌人到底是谁。这可分三种说(一)陆军对俄,海军对英,现在为什么对中国。(二)日本军人向来夸称中国不够做它目标,只须一出兵,就可以占领中国的,但现在的事实却正相反。(三)对中国尚且如此困难,将来如何对俄对英美。

2. 从国际上说,华盛顿会议实为日本独步东亚的时代 因为这时世界公认日本为一等强国,而且是东亚的重心。所以九国公约对于中国有保全领土主权与机会均等的种种条款。在中国人民看来,这是精神上一种耻辱,而在日本却是一种荣誉的义务。但日本看这种荣誉的义务,反以为是耻辱。譬如吃饭,人家请他坐首席,他不愿,偏要一人独占一张桌子,定要叫人家走开。因为日本有这种无限制的野心,引动了世界的疑惧。俄国在远东本无兵力,但在满洲事变后已经增加了几十万的常备军。美国得了五:五:三比率后,本未建造足额,现在却三度地扩充海军。英国新嘉坡(今译新加坡)军港,本只是纸上计划,现在却正式完成了。日本在极小一块空地中,常能布置出十全的庭园山石,这个想象力很大的日本民族,悲剧性的,自造了一个国难,以为悲壮的享乐本来是一个理想的阴影,现在竟变成了事实的魔鬼。日本的恶运,实在是爱国志士造成的啊!

一二 结论 物与人

许多大政治家、大军人，脑筋里制着无数物质的数字，油多少？煤多少？铁多少？乃至船多少顿（吨）？炮多少门？而却忘记了一件根本大事！

纵使文明病为现在一般国家所共有，但日本没有经过像德国那样的饥饿，法国那样的女人避孕，而日本"人"的健在状态，却如下表：

年　度	壮丁役不及格的百分比
一九二五	百分之二十五
一九三二	百分之三十五
一九三五	百分之四十
一九三八	百分之四十八

注：一九三六年已将兵役之身长制减低。

夸称日本文明者，当然说他教育制度如何完备，国民学校如何发达，可是这教育势力下所养成的学生，其兵役不及格的程度，占各职业中之最高度。一九三五年全国受验壮丁六十二万三千八百八十六人中，不合格的百分率占百分之五十以上。而且不论乡村都会工业区与农业区，一律的不行。列表如下：

东京	五十七点四	大阪	五十九点六	北海道	五十六点零	东北	五十三点零
北陆	五十二点一	四国	五十二点五	九　州	四十九点七		

更显著者，学生体格之不良，随着教育程度而递增。不及格者大学生最多，其次为高等学校专门学校毕业者。再次则中小学，但国民小学毕业者比高等小学者其不及格比率更大，一九二五年来此种现象更为显著。

缺乏内省能力的日本国民啊！身长是加增了，体重是仍旧，这是一件怎样严重的象征！向外发展超越了自然的限度，必定要栽一大筋斗！

白种人中一两个穷小子受了银行老板的气，不得已跟着这位挥霍无度；内在空虚的大阔少，想出风头，一定会上当，会倒霉！

这本书的故事

在去年十一月十一日那天下午，我在柏林近郊绿林中散步，心里胡思乱想，又是旧习惯不适于新环境，看手表不过五点，但忘记了柏林冬天的早黑——结果迷失了道路，走了两点多钟，找不到回家的路，不免有点心慌。但是远远地望见了一个灯，只好向着那灯光走，找人家问路。哪知道灯光却在一小湖对面，又沿湖绕了一大圈，才到目的地。黑夜敲门（实在不过八点半），居然出来了一位老者，他的须发如银之白，他的两颊如婴之红，简直像仙人一般。他告诉我怎样走，怎样转弯，我那时仍旧弄不清楚。忽然心机一转，问他有电话没有。他说："有。"我说那费心打电话叫一部车子来罢。他说："那么请客厅坐一坐等车吧。"一进客厅，就看见他许多中国日本的陈设，我同他就谈起东方事情来，哪知那位红颜白发的仙人，他的东方知识比我更来得高明。凡我所知道的，他没有不知道；他所知道的，我却不能像他那样深刻。比方说"日本人不知道中国文化"等类，他还有《日本〈古事记〉研究》一稿，我看了竟茫无头绪。我十分佩服他，从此就订了极深切的交情。这本书是我从他笔记中间，片段地摘出来而稍加以整理的。现在不敢自私，把他公表，不久德文原本也快将出来。我临走的时候，他送我行，而且郑重地告诉我：

"胜也罢，败也罢，就是不要同他讲和！"

民国二十八年八月谷旦

蒋方震于汉口

附录二　蒋百里年谱

1882 年　光绪八年壬午　一岁[①]

时父学烺 32 岁，母杨镇和 28 岁。

其父从同邑名医朱杏伯（《辞通》编者朱起凤之祖）学医。朱起凤《古欢斋杂志》手稿："……乃郎百里将军，六七龄时，即能讲三国志。先大父爱之甚，曰：此儿聪慧，远胜乃父，他年定破壁飞去。"

据百里堂侄庆澜口述：百里伯父蒋学溥于光绪元年（1875）中举，曾任广雅书院山长，曾随张之洞，并师事俞樾。

---

① 此年谱引自东方出版社《欧洲文艺复兴史》附录。

1883 年　光绪九年癸未　二岁

1884 年　光绪十年甲申　三岁

1885 年　光绪十一年乙酉　四岁

杨太夫人教百里识字。百里成才后，杨太夫人曾在硖石镇创办振坤女子小学，担任校长多年。

1886 年　光绪十二年丙戌　五岁

1887 年　光绪十三年丁亥　六岁

1888 年　光绪十四年戊子　七岁

杨太夫人讲古典小说，启发了百里的智力和兴趣。百里跟母亲学唐诗和四书。

1889 年　光绪十五年乙丑　八岁

世交袁花查芸孙以次女品珍相许，跟百里父母订下儿女婚事。

近现代海宁袁花查氏名人有查继佐、查慎行、查良镛（金庸）、查良铮（穆旦）等。

1890 年　光绪十六年庚寅　九岁

1891 年　光绪十七年辛卯　十岁

百里学完《诗经》《尚书》。

1892 年　光绪十八年壬辰　十一岁

师从倪勤叔,直到考取秀才。

1893 年　光绪十九年癸巳　十二岁

从倪勤叔学《左传》《礼记》《周礼》及书法。

与张宗祥相识并订交。张宗祥《述蒋君百里》:"百里小楷特婉秀,晚年写碑师梁任公先生,然一不经意,起草作小字,依然倪先生衣钵也。"

1894 年　光绪二十年甲午　十三岁

冬,丧父。

"吾年十三,是为甲午,吾从兄方预备入乡闱,图对策之便利,乃假《申报》而命我为之抄,而吾乃知有所谓外国学问者。"(蒋方震《是不是奢侈的装饰品?》)

1895 年　光绪二十一年乙未　十四岁

百里割左臂肉煎汤疗杨太夫人病。贤母孝子,声溢乡里。

1896 年　光绪二十二年丙申　十五岁

与张宗祥钻研时事及新学,后成名,乡人传说"武有蒋百里,文有张冷僧(阆声)"。百里的学生有唐生智等,张宗祥(阆声)的学生有邵元冲、陈布雷、郑晓沧等。

1897 年　光绪二十三年丁酉　十六岁

十三经毕。

1898年　光绪二十四年戊戌　十七岁

中秀才。

1899年　光绪二十五年己亥　十八岁

应聘赴硖石伊桥镇，为孙氏塾师。

是年冬，观风卷揭晓，百里取超等第一名，新任桐乡县令方雨亭批语："此真吾中国之宝也。"破例发给奖金及膏火费三十银元，并派专人约百里来桐乡相见。

与单不庵过从甚密。与钱均甫（钱学森之父）订交。

1900年　光绪二十六年庚子　十九岁

春，谒方雨亭。方劝百里弃科举，求实学。

旋即，百里考入求是书院（浙大前身）。入院后，国文历试均名列第一。

1901年　光绪二十七年辛丑　二十岁

4月东渡日本，决心投笔从戎。结识蔡锷（松坡）。

百里由蔡锷介绍，奉梁启超为师。结识蒋尊簋。

1902年　光绪二十八年壬寅　二十岁

以译稿、撰稿为生。

秋，当选为《浙江潮》杂志干事。

1903年　光绪二十九年癸卯　二十二岁

《浙江潮》创刊，百里撰发刊词，一时传诵。

1904 年　光绪三十年甲辰　二十三岁

入士官学校步兵科。蒋尊簋学骑兵。二人刻苦学习，成绩优异。章太炎曰："浙之二蒋，倾国倾城。"

百里与同期的蔡锷、张孝准被目为"士官三杰"。同期同学还有李烈钧、张澜、许崇智、高尔登及荒木贞夫、小矶国昭等。

1905 年　光绪三十一年乙巳　二十四岁

以步兵科第一名毕业，列为第三期士官生冠军，由日本天皇赐指挥刀。

1906 年　光绪三十二年丙午　二十五岁

春，回国。在日本前后凡六载。

夏，赵尔巽破格任用他为东北新军督练公所总参议（参谋长）。

9 月 20 日，赴世界陆军头等强国——德国，入德军第七军当实习连长，军长为马金生上将，德国高统帅为兴登堡元帅。

出国前，百里奉派参观了彰德秋操。这是清廷小站练兵以来规模最大的一次新练陆军大演习。北军参加者为北洋大臣袁世凯训练的段祺瑞第三镇，南军参加者为湖广总督张之洞训练的张彪第八镇。

1907 年　光绪三十三年丁未　二十六岁

在德研究军事及文学，遍游欧洲名胜。

在柏林参加舞会，以华尔兹舞得第一名。

1908 年　光绪三十四年戊申　二十七岁

习军事。

1909 年　宣统元年己酉　二十八岁

德国舆论认为他是"东方人杰"。

受兴登堡元帅赏识、召见及合影。

1910 年　宣统二年庚戌　二十九岁

回国前,百里访问了当代欧洲兵学家,最后见到了伯卢麦将军(V. Blume)。

伯卢麦,普法战时之普军大本营作战课长,其著《战略论》日人重译两次。"将军以手抚余肩曰:'好为之矣,愿子之诚有所贯彻也,抑吾闻之,拿破仑有言:百年后,东方将有兵略家出,以继承其古昔教训之原则,为欧人之大敌也。子好为之矣!'所谓古昔之教训云者,则《孙子》是也。"(蒋方震《孙子新释·缘起》)

回国后任禁卫军管带(营长)。

1911 年　宣统三年辛亥　三十岁

春,与查品珍完婚,百里深感不满,婚后不久即北上。

查夫人后于 1939 年冬逝世,享寿五十九岁,一直侍奉杨太夫人。

清廷谕破格以二品顶戴派蒋百里往奉天任用。

1912 年　民国元年壬子　三十一岁

蒋尊簋就任浙江都督,百里为总参议。后辞职回家,读书写作。

1913 年　民国二年癸丑　三十二岁

上年 12 月 17 日以少将衔出长保定陆军军官学校。该校原名保定陆军速成学校,蒋介石 1906 年入校,毕业后赴日留学。

是年 6 月,百里办好军校的计划在现实政治环境中无法实现,开枪自杀,被勤务兵力阻,子弹由肋骨间穿出,幸未受致命伤。袁世凯闻讯,立即商请日本使馆派军医带护士坐专车赶赴保定医治。

护士名佐藤屋子,日本北海道新泻县人,即百里先生的贤内助后来的左梅夫人。百里先生的五个女儿均为其所生。1978年左梅夫人病逝,享年八十八岁。

1914年　民国三年甲寅　三十三岁

袁世凯将总统府军事处改组为"海陆军大元帅统率办事处",百里仍任参议。

写成《孙子新释》,在《庸言》上发表。《孙子》十三篇,百里只笺释了第一篇《计篇》,但大量运用了西方近代兵学家克劳塞维兹、毛奇、伯卢麦等言论,与《孙子》相互参证,加以阐发。

1915年　民国四年乙卯　三十四岁

蔡锷与百里密商,佯装赞成袁世凯称帝。

1916年　民国五年丙辰　三十五岁

蔡锷以疾终,年仅三十五岁。口授百里代写遗电:"一、愿我人民、政府协力一心,采有希望之积极政策;二、意见多由于争权利,愿为民望者以道德爱国;三、在川阵亡将士及出力人员,恳饬罗(罗佩全,时任四川兵署参谋长代理四川督军)、戴(戴勘,时任代理四川省长)两军核实呈请恤奖,以昭激励;四、锷以短命,未克尽力民国,应行薄葬。"

1917年　民国六年丁巳　三十六岁

长女昭生。

在黎元洪总统府任顾问。

1918 年　民国七年戊午　三十七岁

晋级为中将。

次女雍生。

纳王若梅为侧室。

9月，梁启超组织欧洲考学团，成员有张君劢（政治）、丁文江（工业）、徐新六（经济）、刘崇杰（外交）、蒋百里（军事），总务为杨鼎甫。

1919 年　民国八年乙未　三十八岁

撰《德国战败之诸因》，为梁启超《欧游心影录》所引用。

着手考察瑞士民兵制，这是他军事思想的重大转变。

三女英生。蒋英后适著名物理学家钱学森。

1920 年　民国九年庚申　三十九岁

梁启超全力从事新文化运动，以整理国学及介绍西方新思想为两大目标。百里是梁启超的最得力助手。

梁启超与蔡元培、汪大燮发起成立"讲学社"。"讲学社"先后邀请了四位国际名人来华讲学：杜威（由胡适任翻译）、罗素（由赵元任任翻译）、泰戈尔（由徐志摩任翻译）以及杜里舒（由张君劢任翻译），具体事务由总干事蒋百里负责。

梁启超还组织"共学社"，系统介绍西方文化，由商务陆续出版，开始几年都由蒋百里主持编审工作。

是年，百里还着手与张宗祥共同翻译马克思的《资本论》，后因事忙而中止。

是年冬，百里与郑振铎、沈雁冰等发起、创立"文学研究会"。

1921 年　民国十年庚申　四十岁

1月，湖南省成立"湖南自治根本法起草委员会"，百里以学者名流身份在开幕式上作《论军事与联省自治》演说，并参与起草《湖南省宪法草案》。省宪中规定了义务民兵制，即为百里所建议。

撰文《五十年来的湘军》。在长沙教育会同学诸人欢迎会上演说《世界军事大势与中国国情》。

《欧洲文艺复兴史》由商务出版。问世后，极受读者欢迎，十四个月出了三版。曹聚仁先生撰文《文艺复兴时代的典型人物》，将其拟之于达·芬奇。

四女华生。

1922 年　民国十一年壬戌　四十一岁

发表《裁兵计划书》。撰文《中国五十年来军事变迁史》。

1923 年　民国十二年癸亥　四十二岁

春，五女和生。

杨太夫人病逝，寿六十九。梁启超应百里之请，撰《蒋母杨太夫人墓志铭》。

百里"断七"后坐火车北上，路过徐州，曰：一旦中日战事爆发，京汉、津浦两路必被日军占领，中国国防应以三阳（洛阳、襄阳、衡阳）为根据地。

是年百里与胡适、徐志摩等组织新月社。

1924 年　民国十三年甲子　四十三岁

4月，印度诗哲泰戈尔应邀来华讲学，百里主其事，徐志摩任翻译。

1925 年　民国十四年乙丑　四十四岁

常往来于湘鄂浙等地。"百里先生带着一颗求统一的热心周旋于群雄之间，他的处境当然不会很愉快的。"（曹聚仁）

1926 年　民国十五年丙寅　四十五岁

五月间，曾赴日本治病。

1927 年　民国十六年丁卯　四十六岁

蒋介石进驻南京后，派刘文岛去上海接百里进京，在三元巷总司令部晤谈。蒋介石称百里为"先生"，礼遇优渥。

1928 年　民国十七年戊辰　四十七岁

住上海，静观时局发展。

1929 年　民国十八年己巳　四十八岁

1 月 19 日，梁启超病逝，年仅五十六岁。这是继挚友蔡锷逝世后，百里精神上的又一次巨大打击。

1930 年　民国十九年庚午　四十九岁

百里受软禁，侄蒋复璁来探望，慰以"能受天磨真铁汉，不遭人忌是庸才"。

1931 年　民国二十年辛未　五十岁

潜心研究西方哲学、佛学、历史及文学。

1932 年　民国二十一年壬申　五十一岁

出狱后自号淡宁。

1933 年　民国二十二年　癸酉　五十二岁

以私人身份赴日本考察。原士官同学真崎说："你们东北地广人稀，富源委藏于地，而日本人口众多，不能不求一条出路。"百里愤慨道："那么你们强占就是了，讲什么冠冕堂皇的理论！"

回国后草拟国防计划。

1934 年　民国二十三年甲戌　五十三岁

撰文《从历史上解释国防经济学之基本原则》，说："生活条件与战斗条件一致则强，相离则弱，相反则亡。"

1935 年　民国二十四年乙亥　五十四岁

以军事委员会高等顾问奉派出国。行前与蒋介石密谈。

1936 年　民国二十五年丙子　五十五岁

会晤希特勒，希氏赠以世运会纪念章。

在考察中，体会到"军民合一""经济与国防合一"的重要性，在新作《总动员纲要》中提出"民事与军事融成一片"的建议。

回国后，碰巧成了"西安事变"的"陪客"。

1937 年　民国二十六年丁丑　五十六岁

提出"未来的战争，不是军队打仗"，而是"国民拼命"，"不是一定时间内的彼此冲突，而是长时间永久的彼此竞走"。阐明中日战争将是长期持久的全体性战争。"感谢我们的祖先，中国有地大、人众的两个优越条件，不打则已，打起来就得运用拖的哲学，拖到东西战争合流，我们转弱为强，把敌人拖垮而后已。"

在考察湖南时，与湖南省政府主席何键及其他相关人士商谈他的以湖南为中心的国防计划。

9月，南京政府为了打开外交局面，决定派胡适、张静江赴英、美，蒋百里赴德、意分别活动。25日百里见墨索里尼。

1938年　民国二十七年戊寅　五十七岁

著《速决与持久》，寄《大公报》发表。"我们要以持久为目的，须以速决为手段。""简言之，就是寓死守于运动之中。"

8月，《日本人——一个外国人的研究》在《大公报》连载，轰动一时。

11月4日病逝，享年五十有七。举国哀悼。

附录三 蒋百里传记资料知见录

1. 陶菊隐:《蒋百里先生传》台北:文海出版社,1972年。
2. 朱传誉:《蒋百里传记资料》(共三册)台北:天一出版社,1979年。

附目次:

篇　名	作　者	资料来源	来源
CHIANG FANG-CHEN(蒋方震)		BIOGRAPHICAL DICTIONARY OF REPUBLICAN CHINA(Ⅰ)	56 COLUMBIA UNIVERSI－TY
军学权威蒋百里	高拜石	古春风楼琐记(3)	67台湾新生报
蒋方震百里先生之生平风格	龚　浩	蒋百里全集第六辑	
蒋百里有婿不肖	王　康	中外杂志	V.5 N.3
蒋百里先生军事思想之研究	魏汝霖	东西文化	N.23
蒋百里与左梅夫人的缘遇	余初觉	艺文志	N.93

痛苦中之追忆	蒋复璁	蒋百里全集第六辑	
哭亡父蒋公百里	蒋英	蒋百里全集第六辑	
哭蒋百里先生	薛光前	蒋百里全集第六辑	
对于香港春秋杂志诬载先父蒋百里暴逝的声明	蒋华	蒋百里全集第六辑	
国民外交的一段史料回忆蒋百里先生	薛光前	蒋百里全集第六辑	
怀蒋师百里先生并序	龚浩	蒋百里全集第六辑	
师承记	龚浩	蒋百里全集第六辑	
追述蒋百里先生	张一麐	蒋百里全集第六辑	
悼蒋百里先生	陈立夫	蒋百里全集第六辑	
哭蒋百里先生	张君劢	蒋百里全集第六辑	
悼蒋百里先生	胡健中	蒋百里全集第六辑	
哭蒋百里先生	陈孝威	蒋百里全集第六辑	
哀百里	高子白	蒋百里全集第六辑	
余与百里先生	叶恭绰	蒋百里全集第六辑	
与蒋百里先生一席谈	黄萍荪	蒋百里全集第六辑纪念文	
蒋百里之又一预言	卢前	蒋百里全集第六辑	
蒋百里先生的最后意见	庄仲文	蒋百里全集第六辑	
军事权威的蒋百里	陆曼炎	蒋百里全集第六辑	
蒋百里先生文选集各版本序言		蒋百里全集第六辑	
《蒋百里先生全集》后记一	蒋复璁	蒋百里全集第六辑	
《蒋百里先生全集》后记二	薛光前	蒋百里全集第六辑	
追念蒋百里先生	朱家骅	蒋百里全集第六辑	
蒋方震	唐祖培	革命人物志	12集 党史会

蒋百里先生生平（一）	李吾	春秋	V.12 N.2
蒋百里先生生平（二）	李吾	春秋	V.12 N.3
蒋百里先生生平（三）	李吾	春秋	V.12 N.4
蒋百里先生生平（四）	李吾	春秋	V.12 N.5
蒋百里先生生平（五）	李吾	春秋	V.12 N.6
蒋百里先生生平（六）	李吾	春秋	V.13 N.1
蒋百里先生生平（七）	李吾	春秋	V.13 N.2
蒋百里先生生平（八）	李吾	春秋	V.13 N.3
蒋百里先生生平（九）	李吾	春秋	V.13 N.4
蒋百里先生生平（十）	李吾	春秋	V.13 N.5
蒋百里先生生平（十一）	李吾	春秋	V.13 N.6
蒋百里先生生平（十二）	李吾	春秋	V.14 N.1
蒋百里先生生平（十三）	李吾	春秋	V.14 N.2
蒋百里先生生平（十四）	李吾	春秋	V.14 N.3
蒋百里	谭慧生	民国伟人传记	65.6 高雄百书店
蒋百里先生传略（1882—1938）	金祥恒	中国近代学人象传初辑	60.9 台北大陆杂志社
忆兵学校蒋百里（上）	吴熙祖	畅流	V.27 N.8
忆兵学校蒋百里（下）	吴熙祖	畅流	V.27 N.9
军事泰斗蒋百里外传	金典戎	艺文志	N.105
蒋百里与保定军校	赵明琇	浙江月刊	V.7 N.9
蒋百里厕所逃生	许金城辑	民国野史	台北文海出版社
兵学大师蒋百里	丁辰	自由人	N.368
兵学大师蒋百里	刘太希	畅流	V.49 N.2
记兵学大师蒋百里	李永久	艺文志	N.151

军事权威蒋百里	海外文摘	海外文摘	N.214
国防论与蒋百里	吴若愚	中央月刊	V.4 N.2
一代人杰蒋百里	黄大受	传记文学	V.25 N.4
蒋百里先生之思想与著述	徐培根	传记文学	V.20 N.2
记国防论著者蒋百里先生（上）	关绿茵	畅流	V.34 N.12
记国防论著者蒋百里先生（下）	关绿茵	畅流	V.35 N.1
蒋百里将军与其军事其思想	杨汉之	浙江月刊	V.9 N.1
蒋百里先生的军事思想（上）	薛光前	传记文学	V.15 N.2
蒋百里先生的军事思想（中）	薛光前	传记文学	V.15 N.3
蒋百里先生的军事思想（下）	薛光前	传记文学	V.15 N.4
蒋百里先生的晚年（上）	薛光前	传记文学	V.14 N.4
蒋百里先生的晚年（中）	薛光前	传记文学	V.14 N.5
蒋百里先生的晚年（下）	薛光前	传记文学	V.14 N.6
蒋百里的身教与言教	赖恺元	自由人	N.385
蒋百里给反共国家的教训	范韵诗	传记文学	V.19 N.5
怀蒋百里	孙震	蒋百里全集第六辑	
蒋百里先生对我在宗教上的启引	薛光前	故人与往事	台北传记文学社
蒋百里与东北	王大任	中国一周	V.9 N.51
蒋方震与蒋雁行	徐明月	畅流	V.39 N.11
蒋百里自戕浴爱河	王康	中个人物专辑（第一辑）	60.4 台北中外国书出版社
现代兵学权威蒋百里先生逝世周年祭	曾少邦	前线日报	28.11.4
先百里叔逝世追记	蒋复璁	传记文学	V.17 N.2
关于蒋百里先生逝世前后之补述	万耀煌	传记文学	V.17 N.4

3. 尹雪曼：《战场经营启示录："一代兵圣"蒋百里传》台北：中央日报出版部，1990年。

4. 许逸云：《蒋百里年谱：一八八二——一九三八》北京：团结出版社，1992年。

5. 中国人民政治协商会议浙江省海宁市委员会文史资料委员会：《海宁人物资料，第六辑，蒋百里先生纪念册》海宁：政协浙江省海宁市委员会文史资料委员会，1993年。

6. 李娟丽，包东波：《军学奇才——蒋百里》兰州：兰州大学出版社，1998年。

7. 张学继：《从幕僚到战略家：蒋百里》西安：陕西人民出版社，2015年。

编后记

与曹雷老师（曹聚仁先生长女）相识始于《蒋经国论》一书的出版，在编辑此书时，曹雷老师曾感叹："我父亲的书不好编。"但凭着初生牛犊不怕虎的气势，又有台版及沪版作为参考，并未深刻体会。如今编辑《蒋百里评传》时，才真正体会此言不虚。

蒋百里，一个国人不能忘记的名字。他的一生风云激荡，堪称传奇。他与梁启超亦师亦友，和蔡锷多年同窗，与徐志摩亦交情莫逆。他是军人，最早提出了"抗日持久战"的计划，他对抗日战争智者先识的预见性断言——"胜也罢，败也罢，就是不要同他讲和""万语千言，只想告诉大家一句话，中国是有办法的"，更坚定了国人持久抗战的信念。在八年抗战胜利后，人们发现百里将军在战争爆发前预测日军的侵略路线竟与事实惊人的相似。然而历史的记忆亦是残酷的，后人对先辈的记忆往往需要今人的成就才被熟知。与现在的年轻人说起蒋百里，可能得说他有一个女婿叫钱学森，他有一个副官叫蒋纬国，他有一个表侄叫金庸。

蒋百里的传记最为世人称道的是陶菊隐之《蒋百里先生传》和曹聚仁之《蒋百里评传》。陶本与曹本，二人若以与传主的相交而论，陶为蒋之好友，曹自言为"我和百里先生相识时，很年轻，不懂事，他是我的父师之辈"；一友一师，二人视角各异。若以作品翔实而论，陶本稍胜，陶本重于传。而曹本则重于论与评，对事实仅提炼精华，予以概括性描述，同时因其著（写成于1962年）晚于陶本（写成于1948年），史料在经过历史的过滤后，真伪更为明朗。例如曹在谈及蒋百里在南北军阀混乱时期那一段时，如是言："他是我的父师之辈，一半是尊敬，不敢以小人之心来度他。后来，看看他生前的文献以及他的朋友们，如陈陶遗、丁文江的文献，还有前几年逝世的冷御秋先生的闲谈，才知道百里在那一段时期，自有他们的如意算盘。"同时曹本中对百里先生亦多有独到评论，如"百里先生，也是不免于想做帝师的人，其不能为'师'的，总想处于'师友'之间，可是师道一天不如一天，乃成为长官的部署了"……

章实斋《文史通义》有云："夫人之所以谓知者，非知其姓与名，亦非知其声誉与笑貌也。读其书知其言，知其所以为言而已矣。读其书者天下比比矣，知其言者千不得百焉；知其言者天下寥寥矣，知其所以为言而百不得一焉。"曹聚仁的《蒋百里评传》便是试图"知其所以为言"的作品，而曹究竟是不是知蒋百里所以为言者，唯待读者体会。

《蒋百里评传》初版于1963年，香港三育图书文具公司出版。本次重版，在编校过程中参考了陶菊隐先生之《蒋百里先生传》、梁启超之《欧游心影录》、蒋百里之《欧洲文艺复兴史》、黄萍荪之《纪念之叶》、蒋复璁和薛光前主编之《蒋百里先生全集》等相关著作。编者亦参考相关著作为部分章末作了附录，一期可作一些延伸阅读，二期读者能对蒋氏有更完整的了解。尤需特别说明的是书中括号内字体不一致的问题。括号与正文同字体的均为作者原注，楷体的为编者所加。至于书中因笔误造成的明显错讹，一律径改，未另作说明，不确切处仍以括号楷体标示。部分篇末，偶有楷体长"注",为作者原注,编者为读者一目了然才以字体区分。书中史实校订及补充,编者以脚注形式标出。特作说明。限于所知,编辑中的问题自有未尽之处,恳请读者诸君不吝指导。

真挚感谢曹雷、曹景行两位老师对我一如既往的信任和大力支持。

特约编辑:姚恋